GUIDEPOSTS ESPAÑOL®

SUS CAMINOS MISTERIOSOS
MILAGROS
DE ORACIÓN

PRÓLOGO POR EDWARD GRINNAN, JEFE DE REDACCIÓN, *GUIDEPOSTS ESPAÑOL*

EDITORIAL UNILIT

SUS CAMINOS MISTERIOSOS

MILAGROS DE ORACIÓN

Publicado por
Editorial Unilit
Miami, Fl. 33172

Primera edición 2004

Originalmente publicado en inglés con el título:
His Mysterious Ways, Miracles of Prayer
Ideals Publications, una división de Guideposts
535 Metroplex Drive, Suite 250
Nashville, Tennessee 37211
www.idealsbooks.com

Traducido al español por: Belmonte Traductores
Fotografías e ilustraciones: EyeWire Images; PrintArtist/Master Clips; Corel; y Photodisc

Fotografía de la cubierta: EyeWire

Las historias han sido publicadas en la revista *Guideposts*, Carmel NY 10512.

Producto 496759
ISBN 0-7899-1194-9
Impreso en Colombia
Printed in Colombia

CONTENIDO

Prólogo

La primera vez que trabajé con un autor en una columna de «Sus caminos misteriosos», ya llevaba trabajando en *Guideposts* más de un año: el tiempo mínimo que el editor en jefe en aquel tiempo, Van Varner, exigía antes de permitir que un editor trabajase en el artículo más popular de la revista. Me sorprendió lo que me dijo: «La historia debería hablar sola sin muchas explicaciones religiosas». Van dijo esto con el ceño fruncido, como si conociera el caos que un joven e inexperto editor quizá ocasionara en su querida columna mensual.

Quince años después, «Sus caminos misteriosos» sigue siendo el artículo favorito de forma abrumadora entre nuestros lectores, y al fin comienzo a entender lo que quería decir Van. Cada uno de estos relatos cortos tiene una historia verídica que contar: de oraciones no pronunciadas y contestadas, de anhelos desconocidos hechos realidad y de sanidades inesperadas recibidas. Cada uno es una revelación de una mano divina trabajando en nuestras vidas cotidianas, a menudo de maneras que nunca hubiéramos soñado... hasta que nos ocurren a nosotros.

Sin duda, estas historias hablan por sí solas, de ahí que no necesiten escuchar otra cosa de mí.

Edward Grinnan

Editor en jefe, *Guideposts*

EL PROTECTOR
INVISIBLE

Respóndeme cuando clamo, oh Dios [...]
Ten misericordia de mí, y oye mi oración.

SALMO 4:1, RV-60

Un paso más

Thelma Leavy, Marion, Michigan

Siempre me ha encantado la nieve. Tengo ochenta y cinco años y según la ley soy ciega, pero puedo distinguir la luz y algunas siluetas; y todavía me emociono con los mullidos copos de nieve. Por eso me aventuré casi al declinar una nevada tarde del pasado invierno.

Deslicé mis pies por el largo camino de entrada a casa hasta mi abeto favorito. Fui de árbol en árbol, sacudiendo las ramas para quitar la nieve. Pronto me di cuenta que estaba rodeada de unas imprecisas y desconocidas formas, ¡me había adentrado demasiado en el bosque! Me di la vuelta y comencé a caminar de regreso hacia la entrada de mi casa. Sin embargo, ¿por qué camino había venido? Todo estaba muy blanco y frío.

La nieve caía con más fuerza. Secándome las lágrimas de mis ojos, me apresuré hacia delante presa del pánico. «Dios», clamé, «por favor, ayúdame».

De repente, me detuve en seco.

Me quedé del todo quieta cuando un sentimiento de alivio se abrió paso ante mi temor. Después giré, di una vuelta completa y con resolución tomé una nueva dirección. Por fin llegué hasta una cerca. ¡Era el límite de mi casa! Seguí esa cerca, agarrada a ella, hasta que llegué a mi puerta. «Gracias, Dios», dije.

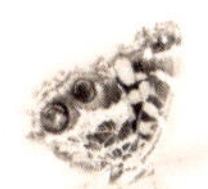

A la mañana siguiente, Dan, el joven que me quita la nieve de la entrada, entró apurado; estaba alarmado por las huellas que había visto en mi terreno cubierto de nieve. «No te preocupes», le expliqué enseguida, «son mías».

«Señora Leavy», dijo Dan, «yo seguí esas huellas y llegan hasta el borde de la orilla del río, donde la pendiente es más empinada. Si hubiera dado tan solo un paso más hacia delante...»

No obstante, fue allí donde yo me detuve y clamé... al único que siempre guía por el buen camino.

Una llegada oportuna

Pat Hrabe Wehrli, Plainville, Kansas

Mi hijo de cinco años y yo recorríamos en auto el solitario trecho de dieciséis kilómetros que hay desde la ciudad hasta nuestra casa, cuando pasamos por encima de un bache y escuchamos el *pum* del pinchazo de una rueda.

Comencé a sacar las herramientas del maletero y me di cuenta que no teníamos un gato para cambiar la rueda. Y ahí estaba yo, una mujer joven con un embarazo muy avanzado, de pie junto a un auto averiado y con un niño en el asiento delantero.

El año anterior, a varias mujeres de la localidad las habían asesinado de forma brutal, y las autoridades no tenían ninguna pista sobre quién era el asesino. Cuando un hombre que conducía una camioneta se detuvo para preguntar si necesitaba ayuda, lo único que sentí fue miedo.

«Todo está bien», le dije, «mi esposo viene en camino». La verdad es que mi esposo, Gerald, no pasaría por aquel camino hasta que no transcurriera al menos una hora.

Para mi alivio, el hombre siguió conduciendo y se marchó. Miré a las lejanas casas que estaban junto a la autopista e intenté decidir qué hacer.

Minutos más tarde, vi al extraño volver en dirección a nosotros. Se detuvo al otro lado de la autopista y comenzó a caminar poco a poco hacia nosotros. «Amado Señor», oré, «protege a mis hijos».

Justo en el momento en que el hombre llegaba donde estábamos, apareció Gerald. «Ahí está mi esposo», dije, «sorprendida de ver que había salido temprano del trabajo. Gerald estacionó y miró al extraño, el cual se alejó con rapidez.

Más de un año después, un residente de la zona confesó los asesinatos sin resolver. Como oficial de reserva del departamento del condado del sheriff, Gerald escoltó al prisionero desde la cárcel del condado hasta el centro de salud mental.

En cuanto vio al sospechoso, Gerald lo reconoció. Era el extraño que se detuvo junto a mi auto.

UN SENTIMIENTO DE INTRANQUILIDAD

CLARA WALLACE NAIL, MCDONOUGH, GEORGIA

Esa mañana me desperté sintiendo que tenía que hacer algo. A medida que realizaba los quehaceres del día, mi mente se centraba en Lena.

Lena vivía sola al final de nuestra calle. Anciana y enferma, dependía de la ayuda de sus amigas. El día anterior le había llevado comida, pero ella insistió en que no había necesidad de que volviese al día siguiente. «Aquí tengo todo lo que necesito», me dijo.

Lena era orgullosa y solemne, y yo respetaba su privacidad, pero durante toda la mañana un impulso en mi interior me decía que tenía que ir a verla. Llevé a los niños a la escuela, puse una lavadora y metí los platos del desayuno en el fregadero, pero la intranquilidad no cesaba. Al final, me dirigí calle abajo.

Cuando llegué a su portal la llamé por su nombre. Por lo general, salía a la puerta, pero esta vez no hubo respuesta. Al escuchar un ruido en el interior, giré el pomo de la puerta y entré en un salón lleno de humo.

Lena estaba tendida en el sofá, sin fuerzas para levantarse. Delante de ella había una pequeña estufa de carbón cuya puerta se había salido de las bisagras. Los carbones encendidos se habían caído al piso, y Lena había intentado apagarlos con colchas, ropa y todo lo que pudo alcanzar desde el sofá. En cualquier momento las brasas podrían haberse convertido en llamas. Yo llegué justo a tiempo.

Más tarde, cuando quitamos las brasas y la casa estuvo limpia de humo, Lena parecía más tranquila de lo normal a pesar de la casi tragedia que vivió. «¿No sintió temor?», le pregunté.

«No», me dijo, «sabía que vendrías. Oré».

UN TRAMO TRANQUILO

HELENE LEWIS COFFER, LAS VEGAS, NEVADA

«Apóyense en el Señor», nos animaban nuestros amigos del grupo de oración. «Sus hombros son anchos».

En aquel entonces, mi esposo y yo necesitábamos un hombro sobre el cual apoyarnos. Nuestro negocio había comenzado a ir mal y nuestros ahorros disminuían. Y, a la edad de la jubilación, estábamos buscando trabajo.

En medio de todo esto, mi madre de noventa y cuatro años de edad pasaba por una crisis mental y física. Vivía con mi hermana en el sudoeste de Arizona y necesitaba cuidado veinticuatro horas al día. Ahora parecía necesitar que la ingresaran en un hogar para ancianos.

Un domingo por la noche oraba por nuestros problemas cuando conducía sola de regreso de casa de mi hermana después de haber estado ayudando con el cuidado de mi mamá durante una semana. La estrecha carretera de un carril en ambas direcciones estaba saturada de tráfico procedente de Las Vegas, y los faros de los autos me deslumbraban cuando me daban en los ojos. En tres ocasiones bajé una cuesta para encontrarme con un auto que se dirigía hacia mí por mi mismo carril, y cada una de las veces tuve que apartarme al arcén de la carretera para evitar un choque. Estaba agradecida de que esos anchos arcenes estuvieran ahí.

Dos semanas después hice el mismo viaje con mi esposo. A plena luz del día, llegamos a la carretera que está al norte de Kingman, Arizona. «Este fue el tramo», le dije, «donde tuve que apartarme».

Miramos una y otra vez, y cada vez nos quedamos más callados.

Pues en toda esa sección de sesenta y cuatro kilómetros de la autopista 93, había cactus y maleza que crecían cerca del borde de la carretera. Allí no había arcenes... solo los hombros de Él para apoyarnos.

LOS ZAPATOS QUE ME ALEGRÉ HABER PERDIDO

ELIZABETH SHERRILL, CHAPPAQUA, NUEVA YORK

¡Tenía que ser esa vez cuando la aerolínea perdiera mi equipaje! Era solo una bolsa con mis artículos de tocador y mi único par de zapatos buenos, ¡pero tenía que ser en ese lugar en el que estuviera dando vueltas sin ellos!

Había volado a Nuevo México para participar en un seminario de un día de duración patrocinado por la Asociación de Escritores Cristianos del Sudoeste. «Nadie se fijará en tus zapatos», me aseguró Margaret Cheasebro, la presidenta del grupo.

Sin duda alguna, Margaret estaba en lo cierto, pero tenía que ser esa vez... Incluso en el momento de pensarlo, me vino a la mente una frase que oí en la reunión de mi iglesia: «siempre, y en todo lugar, deberíamos darle gracias a Él». ¿Siempre?, me preguntaba.

Al finalizar el seminario, varias escritoras se acercaron a la plataforma. De repente, se produjo un crujido ensordecedor y el sonido de cristales que explotaban. Una mujer gritó: «¡Todo el mundo al suelo!».

Había visto a través de la ventana a un hombre empuñando una pistola. Después supimos que había estado bebiendo y disparando a las cabinas de teléfono. Desde la pared que había detrás de la plataforma del conferenciante, la policía recuperó la punta de un destornillador eléctrico disparada desde un arma de carga frontal.

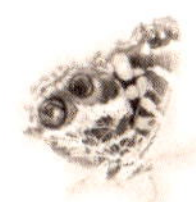

Mientras Margaret rellenaba el informe de la policía, las demás revivimos nuestra huida, recordando cada una el paso hacia delante o el segundo de retraso que le había situado fuera de la línea de fuego.

Por mi parte, rastreé la trayectoria desde la ventana hasta la pared, dos centímetros y medio por encima del lugar en el que había estado parada. Me quedé pensando en seis centímetros y medio de tacón de los zapatos extraviados en mi bolsa. Una vieja oración volvió a sonar en mis oídos: «siempre, y en todo lugar, deberíamos darle gracias a Él».

UN PROTECTOR INVISIBLE

RON CHAMBERS, MELBOURNE, FLORIDA

Iba a bucear a la ensenada de Palm Beach con mi hijo de catorce años, Don, y nuestro instructor de buceo, Jerry. Debíamos nadar hasta pasado el embarcadero, para después flotar hasta el cauce con la marea. Yo dudé. Las olas eran enormes.

Me puse el chaleco de espuma de caucho y el cinturón de peso de Jerry para compensar la flotabilidad del chaleco y nos zambullimos. Jerry y Don nadaban delante, conmigo detrás. A medida que nadábamos, la distancia entre nosotros aumentaba. Es mejor nadar más deprisa, pensaba. Sin embargo, nadaba todo lo rápido que podía. Al mirar hacia delante, vi a Jerry y a Don cerca del final del embarcadero.

Al instante, una ola me golpeó contra las rocas. Luego otra y otra. Las aristas de las piedras me cortaban los brazos y las piernas. El gran peso que tenía alrededor de mi cintura hacía que me hundiera. Intenté agarrarme a las rocas, pero eran demasiado grandes, escurridizas y escarpadas.

Exhausto y golpeado, supe en ese mismo instante que iba a morir. Me sorprendió gratamente ver que me sentía preparado para hacerlo. Me imaginaba de pie en la presencia de Dios y el pensamiento me producía una gran paz. Miré hacia arriba y dije en silencio: «Padre, estoy listo...».

No hace falta decir que no morí en ese instante. Todavía estoy perplejo por la manera en que me salvaron, y hasta este día a menudo me siento atraído hacia el Salmo 27:5: «Porque en el día de la aflicción él me resguardará en su morada [...] y me pondrá en alto, sobre una roca».

En mi día de la aflicción, una enorme ola golpeó de repente contra el malecón, y un remolino de agua me alzó hasta una altura de dos metros, me giró hasta dejarme en posición de sentado y me puso a salvo encima de una roca.

Un rescate inesperado

Deborah Rose, Jefferson, Wisconsin

La noche del martes era la noche del pollo en el restaurante en el que era camarera, pero ese martes solo lo habían pedido unos pocos clientes. «Llévate pollo a casa», me dijo el jefe. El pollo estaba grasiento, así que lo envolví en plástico, lo puse en una caja y lo metí en una bolsa.

Los últimos clientes se demoraron y cerramos tarde. Al perder el último autobús y no poder pagar un taxi, comencé a caminar hacia mi casa por las desiertas calles de Milwaukee. Oraba y cantaba un himno. Dios me llevaría a casa sana y salva.

Sin embargo, no lo hizo. Un hombre con un cuchillo salió de entre las sombras, me empujó hasta una calle oscura y me dijo en un lenguaje muy feo lo que me haría cuando llegáramos a su casa en la calle Brady. ¿Por qué Dios me había abandonado?

A pesar de mi enojo, seguí orando. Después, en medio de la nada oí cuatro palabras. Fueron muy claras y firmes: «Debbie, cómete el pollo». ¿Qué? ¿Acaso estaba perdiendo la cabeza?

Mientras me arrastraba, yo batallaba por quitar todos los envoltorios y sacar una pechuga de pollo. Lloraba tanto que no podía comer, así que me limité a llevarlo en la mano. Habíamos llegado a la calle Brady.

Dos enormes perros buscaban revolviendo la basura que se desbordaba de los contenedores. De repente, los perros alzaron la mirada y husmearon el aire. Gruñendo y ladrando a la vez que enseñaban los dientes, arremetieron contra nosotros. Mi asaltante huyó.

Los perros no se abalanzaron sobre mí, sino que fijaron sus ojos en el pollo que llevaba en mi mano. Yo partía pedazos de carne y se las tiraba al suelo, con lo que se pusieron a luchar por ella hambrientos. Cada cierta distancia yo tiraba varios pedazos de pollo, haciendo que los perros extraviados me siguieran hasta mi casa. Cuando por fin estuve a salvo en casa, comencé a comprender. *Debbie, cómete el pollo...* el pollo que había envuelto con tantas capas que ni siquiera los perros podían olerlo. No obstante, en mi mano...

EN EL LUGAR PRECISO EN EL MOMENTO PRECISO

LYNN B. LINK, STEVENSVILLE, MONTANA

Con nuestros cuatro niños pequeños y dos sobrinas que estaban de visita a los que acostar, la hora de irse a la cama esa noche se alargó un buen rato. Hice una oración por cada niño somnoliento y le pedí a Dios que los cuidara. Más tarde, cuando mi esposo y yo nos fuimos a la cama, yo empezaba a traspasar la frontera del sueño, arrullada por los inocentes ruidos que vagaban por el pasillo: profundos suspiros y palabras entre dientes de conversaciones en sueños.

A las cuatro y media de la madrugada me desperté de repente y escuché a una sobrina gimotear. De inmediato, salté de la cama y corrí por el pasillo, pero no hacia el cuarto donde estaba mi sobrina. Sin saber el porqué, corrí al cuarto de mis hijos al otro lado de la casa.

Me quedé de pié en la entrada de la puerta, oyendo latir mi corazón. Algo malo estaba a punto de ocurrir, lo sentía.

Pasaron unos segundos. Los niños dormían profundamente en sus literas y todo estaba en calma. Entonces, ¿por qué corrí hasta allí? ¿Acaso soñaba?

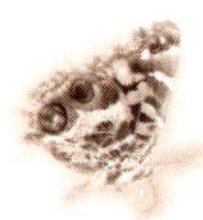

Entonces, justo delante de mis ojos, la cama de arriba de la litera se partió. Me apresuré a agarrar el pesado bastidor y el colchón antes de que aplastaran a mi hija más pequeña, Raquel, que estaba en la cama de abajo. Grité pidiendo ayuda y vino mi esposo; y en unos instantes, todo quedó arreglado.

Andy y yo nos retiramos un poco.

—¿Qué hacías aquí? —me preguntó él.

—No lo sé.

—Gracias a Dios que estabas —dijo Andy. Y con una sonrisa añadió—: Escucha, estamos susurrando y los niños ni siquiera se han despertado.

UNA INSTALACIÓN OBSOLETA

LEONARD E. LESOURD, BOYNTON BEACH, FLORIDA

Cuando nuestros hijos Chet y Jeff eran adolescentes, siempre celebraban el final de un largo viaje de regreso a nuestra casa en Florida saliendo con rapidez del auto y dándose un chapuzón en nuestra piscina. Era el toque final para un viaje: una tradición familiar igual que la de orar antes de iniciar un viaje. Mi esposa Catherine, nuestros hijos y yo nunca nos poníamos en camino sin antes implorar la protección de Dios sobre nosotros desde el comienzo del viaje hasta su fin.

Un año antes de dejar Virginia toda la familia oró junta, como era costumbre, pidiéndole a Dios que estuviera cerca de manera especial. Hicimos el viaje hacia el sur sin ningún incidente.

A nuestra llegada a casa, los chicos no realizaron su acostumbrado salto a la piscina. «Estamos demasiado cansados», dijeron.

Al comprobar las cosas de la casa, comencé encendiendo las luces que había bajo el agua y que crean un bonito resplandor en la piscina; pero el interruptor ya se encontraba en la posición de «encendido». Es muy raro, pensé. Imagino que se estropeó la bombilla. Luego me inundó un espinoso sentimiento.

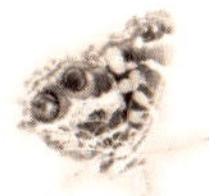

De inmediato, puse el interruptor en la posición de «apagado» y me aseguré de que nadie se metiera en la piscina.

A la mañana siguiente llamé a un electricista, quien revisó en detallcs la luz de la piscina. «Tiene usted aquí una instalación antigua y obsoleta», dijo. «Debe haber estado aquí desde antes de que comprara esta casa. En fin, entró agua en el tomacorriente de la luz y provocó un cortocircuito. Qué bueno que nadie se metió a nadar porque se hubiera electrocutado».

Aquello fue más que algo bueno. Para nuestra familia fue un ejemplo más de la manera en que Dios toca nuestras vidas de formas sobrenaturales cuando buscamos su ayuda.

INSTRUCCIONES QUE VIENEN DE ARRIBA

DAVID MOORE, SPARTANBURG, CAROLINA DEL SUR

Henry Gardner me llevaba a Asheville, Carolina del Norte, pilotando su avioneta Cessna 180. Habíamos despegado desde Victoria, Texas, y habíamos aterrizado en Jackson, Mississippi, para arreglar una avería de la radio.

En aquel momento estábamos cerca de Asheville cuando vimos que la niebla era tan espesa que la torre de control no nos permitía aterrizar.

—Lo siento —dijo por la radio—, pero sería mejor que se dirigiera a Greenville.

Sin embargo, no podíamos. No teníamos suficiente combustible para llegar a Greenville.

—Vamos a tener que aterrizar —insistió Henry, y nos dieron permiso para hacer un aterrizaje de emergencia. La radio balbuceó unas cuantas veces y Henry comenzó a hacer descender el avión.

—¡Hágalo ascender! —se escuchó un grito.

¡Para horror nuestro vimos que estábamos a punto de aterrizar en la autopista! Henry tiró fuerte de los mandos de control y estuvimos a punto de colisionar con un paso elevado de la autopista.

—Si me escucha —dijo la voz por la radio—, le enseñaré cómo volver a intentarlo.

Y luego llegaron una serie de minuciosas y detalladas instrucciones: «Levántelo un poco». «Un poco a su izquierda». «Tranquilo, tranquilo». «Está cerca de la pista. Baje un poco... ¡ahora!».

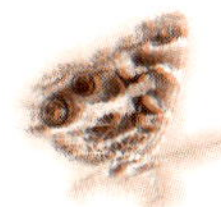

Las luces de la pista de aterrizaje aparecieron de repente a través de la niebla. Nunca había visto una imagen tan bien recibida. Habíamos aterrizado sanos y salvos.

Primero le dimos gracias a Dios. Después, en cuanto pudimos, fuimos a darle las gracias al controlador aéreo, que nos miraba lleno de perplejidad.

—No lo entiendo —dijo él—. Yo perdí el contacto con usted después de decirle que hiciera un aterrizaje de emergencia. Su radio crepitó y le perdimos la pista.

Un misterioso martilleo

Mary Ruth Howes, Jersey City, Nueva Jersey

Cuando era niña, siempre me gustaba escuchar a mi papá contar la historia de un extraño presentimiento que tuvo cuando era un joven misionero en China. El superior de papá, el señor Sinton, acababa de irse de Luzhou para hacer un prolongado viaje a otras misiones lejanas cuando a papá le sobrecogió el sentimiento de que el señor Sinton estaba en peligro mortal. Todas las noches papá oraba por su seguridad.

Cuando el señor Sinton regresó, contó el incidente de haberse ido a acostar en una casa de invitados donde ardió un pequeño brasero de carbón. Más tarde, durante esa noche, el señor Sinton había oído un fuerte y misterioso martilleo. Se levantó, fue a la ventana y la abrió para ver lo que ocurría fuera. No había nadie. Se dirigió hacia la puerta, pero lo siguiente de lo que fue consciente es que estaba tumbado boca arriba en el piso. Los humos tóxicos procedentes del brasero le provocaron un desmayo. ¡Y el hecho de abrir la ventana le salvó la vida!

Hace varios años, cuando papá tenía ochenta y dos años de edad, me llamó a la oficina. «He tenido un sueño tan real esta mañana», me dijo, «que he tenido que llamarte. Soñaba que estabas en peligro. ¿Va todo bien por tu casa?»

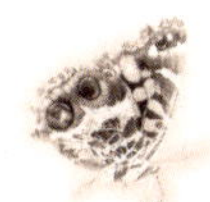

No quería hacerlo, pero tras recordar la historia de papá sobre el señor Sinton, me fui a casa, donde descubrí a mi gato enfermo durmiendo delante de la calefacción eléctrica. No había fuego. No había peligro. Apagué la calefacción y, sintiéndome como una tonta, volví a la oficina.

Esa misma noche, ya en casa, volví a encender la calefacción. Quince minutos después, las luces de la cocina comenzaron a centellear y se apagaron. El motor de la calefacción se había quemado, haciendo saltar los fusibles y llenando la cocina de un humo acre...

TODO EL CAMINO A CASA CON EL TOQUE DEL CLAXON

ELISA COLLINS, CIUDAD DE GUATEMALA, GUATEMALA

Yo era hija de misioneros; crecí en Comitancillo, una aldea maya en las montañas de Guatemala. Mi papá era traductor de la Biblia y mi mamá enfermera. Un día, en febrero de 1993, conducimos hasta la ciudad de Guatemala para recoger a un equipo de trabajo que nos ayudaría a construir una biblioteca. Era lamentable, pero alquilamos una camioneta con un claxon que sonada cada vez que pasábamos por un bache en la carretera.

Salimos temprano, esperando llegar a la aldea antes del anochecer. (No era seguro viajar de noche). Cuando llevábamos tres horas de viaje, y el claxon sonando con cada hoyo de la carretera, un auto viró con brusquedad delante de nosotros. Dos hombres saltaron del auto y nos apuntaron con pistolas. Se metieron en nuestra camioneta y obligaron a mi papá a seguir a un segundo auto.

«No enciendan las luces ni toquen el claxon», dijo uno de ellos.

¡El claxon!, pensaba, horrorizada con la idea de pasar por un bache. ¿Cómo lograremos controlarlo?

De inmediato me puse a orar. Los hombres seguían pidiéndonos dinero, pero no les dijimos que teníamos dos mil quinientos dólares en efectivo escondidos en un maletín en la parte trasera de la camioneta.

Los hombres nos hicieron desviarnos a una carretera escarpada y llena de baches donde nos hicieron aparcar. «Dennos las llaves de atrás», nos dijeron los ladrones. Sin embargo, no podían abrir la puerta y se estaban poniendo nerviosos. Después de unos instantes desesperados, tiraron las llaves a unos arbustos cercanos y se marcharon llevándose solo algunos de nuestros objetos personales.

Después de darle las gracias a Dios por nuestra seguridad, recuperamos las llaves. Papá comprobó la puerta trasera y pudo abrirla con facilidad. Luego regresó a la carretera con baches. Por primera vez desde el momento del asalto, el claxon comenzó a sonar de nuevo... y lo hizo durante todo el trayecto a casa.

UNA ROCA SANTA

ROBERT M. BARR, WEBSTER CITY, IOWA

La roca era mayor que una sandía. Cuando la desenterré en el campo que araba ese mes de noviembre, estaba manchada de una tierra negra. En la primavera, volví a moverla y descubrí que las lluvias y las nieves del invierno la habían limpiado.

Me quedé mirando la roca. En mitad de la superficie de ese grande y oscuro canto rodado aparecía una cruz rosa, tan clara como si la hubieran esculpido.

«Esta es la cruz de Cristo», me dije. «Esta no irá a ningún montón de piedras. ¡Es algo santo!»

Transporté la roca hasta mi casa para enseñársela a mi esposa, Bun, y ella sintió lo mismo que yo. Nos acordamos de cómo Dios les dijo a los israelitas que escribieran una señal de su fe en los postes de sus casas (Deuteronomio 11:18-20), y decidimos poner la roca al lado de nuestra puerta.

Todas las personas que veían nuestra roca pensaban que era algo poco común, incluso antes del tornado de agosto de 1979. Bun y yo podíamos oír la tormenta en la distancia mientras veíamos las noticias en la televisión. «Bien, amigos», decía el hombre del tiempo, «hay una alerta de tornado y mi mejor consejo es que se mantengan atentos al cielo».

«Saldré afuera a echar un vistazo», le dije a Bun.

Y, caramba, esa cosa se dirigía justo hacia nosotros: un ancho y negro embudo atravesando mi maizal y arrasando todo lo que encontraba a su paso. Se movía desde el sudoeste hacia el nordeste, como lo suelen hacer los tornados.

Bun y yo nos escondimos en el sótano y oramos, pero nuestros vecinos vieron lo que ocurrió fuera.

No solo una vez, sino dos, aquel tornado llegó hasta nuestra mismísima puerta, donde estaba la roca con la cruz de Cristo, ¡y las dos veces dio marcha atrás!

Suéteres para los muchachos

Becky Alexander, Cambridge, Ontario

A finales de la Segunda Guerra Mundial, mi papá combatía en el frente en Alemania. En marzo de 1945, mientras su regimiento canadiense esperaba las provisiones, a papá lo enviaron a Aldershot, Inglaterra, para que lo condecorara el rey Jorge VI.

El tiempo era muy crudo en Aldershot, pero papá le había dado su gabán reglamentario a un soldado en el frente. Temblando de frío, se dirigió al centro de la Cruz Roja y tomó del cubo un suéter gordo hecho a mano con un doble cuello. Le quedaba perfecto bajo su túnica y le abrigaba sin romper el código de uniformes.

Tras recibir la medalla militar al valor en el Palacio de Buckingham, papá volvió a unirse a su regimiento y le proporcionaron otro abrigo, así que guardó el suéter en su maleta.

Papá volvió sano a casa en Canadá en enero de 1946. Su mamá se alegró de volver a lavarle las ropas. Mientras ordenaba su ropa, sacó el suéter con asombro. Luego, para sorpresa de mi papá, agarró unas tijeras y cortó el cuello.

Al igual que muchas mujeres durante la guerra, la abuela había tejido suéteres para los jóvenes que estaban en el extranjero. Ella siempre ponía una nota y estampillas dentro para que pudieran responder. «Yo oraba por los muchachos que iban a recibir mi trabajo, y le pedía a Dios que les trajera de vuelta a casa sanos y salvos», decía ella. Muchos mantuvieron correspondencia con ella hasta varios años después.

Mientras que las manos de la abuela tejían con fidelidad, otras Manos llevaron sano y salvo a su hijo de vuelta a casa. Dentro del cuello del suéter había unas estampillas y una nota que ella misma escribió a un joven en el extranjero.

MI LADO DE LA CAMA

IRENE LOCKER, HUNTINGTON BEACH, CALIFORNIA

Cada primavera, mi esposo Morton y yo solemos viajar desde Los Ángeles para visitar a nuestra familia en el sur; pero el pasado invierno Morton no tenía ganas de hacer un viaje largo en avión.

«Márchate», me dijo. «Disfruta. Yo me puedo cuidar solo».

En nuestros cuarenta años juntos, nunca había viajado sin Morty. Le llamaba todas las noches desde la casa de mi sobrina en Nashville. En la mañana de mi salida, cuando estaba a punto de salir hacia el aeropuerto, recibimos la noticia de que había habido un terremoto en Los Ángeles a las cinco y treinta y un minutos de la madrugada. Desesperada, intenté comunicarme con Morty.

«Dios, ¿por qué no me diste un codazo para que me quedara en casa con él?», pregunté enojada. «Hubiéramos estado juntos, durmiendo uno al lado del otro cuando llegó el terremoto. Sin embargo, ahora Morty ha tenido que arreglárselas solo».

Al final, localicé a mi hijo, quien me aseguró que Morty estaba bien. Cuando llegué a casa, nunca me había alegrado tanto de verle. No importaba que casi todo nuestro apartamento estuviera destrozado. El lavaplatos había salido disparado y atravesó la pared de la cocina. En el dormitorio, jarrones hechos pedazos, marcos de fotos y espejos cubrían el piso. La cómoda estaba volcada.

Mis ojos se desplazaron enseguida hacia la cama, donde Morty sobrevivió el caos. Le di gracias a Dios por cuidarlo. Y entonces me quedé mirando incrédula a nuestro aparato de televisión de medio metro y veintidós kilos y medio de peso. Salió despedido desde lo alto de la cómoda hasta nuestra cama... y aterrizó justo en el lado donde yo habría estado durmiendo si me hubiera quedado en casa.

EL MENSAJE QUE NO PUDE PASAR POR ALTO

PATTI BOHLMAN, KINGFISHER, OKLAHOMA

Mi casa era un remolque de dos habitaciones en una zona rural del oeste de Oklahoma, y el invierno de 1978 estaba comenzando cuando oí el parte meteorológico en la televisión: se avecinaba una tormenta de hielo.

Reuní algunas mantas para estar preparada para la tormenta, y entonces, como era de esperar, se fue la luz. Elevé una oración a Dios pidiéndole que me cuidara durante la noche y me acomodé en el sofá debajo de las mantas.

Me desperté a medianoche, cuando la luz y la televisión volvieron a encenderse. Con el sentimiento de que todo estaba bien, lo apagué todo y me fui dando tumbos a la cama.

Quince minutos después, me desperté de un profundo sueño. Una voz me llamaba con urgencia, una voz a la cual siempre le prestaba atención sin preguntar nada. «Patti, levántate», dijo mamá.

Se veía un resplandor en la cocina y yo salté de la cama y corrí al ver las llamas que salían del tanque del agua caliente. Me apresuré a salir afuera. Cuando llegaron los bomberos, el remolque se hallaba envuelto en llamas por completo. Paralizada por el agotamiento, veía cómo el fuego consumía mi casa.

Otros miembros de la familia llegaron de los alrededores e inspeccionamos las ruinas. «Gracias a Dios que pudiste salir», dijo mi hermana. «¿Qué hubiera pasado si no te hubieras despertado a tiempo?»

Fue entonces cuando le conté la historia de cómo me despertó la voz de mi mamá. Los demás se quedaron mirándome con fijeza y llenos de incredulidad.

¿Por qué era algo tan increíble aceptar que me hubiera salvado la vida? Porque mi mamá había fallecido en marzo del año anterior.

Dios me había enviado un mensaje que no podía pasar por alto.

REGALOS INESPERADOS

*Y el Señor le dijo: He oído tu oración
y tu súplica que has hecho delante de mí.*

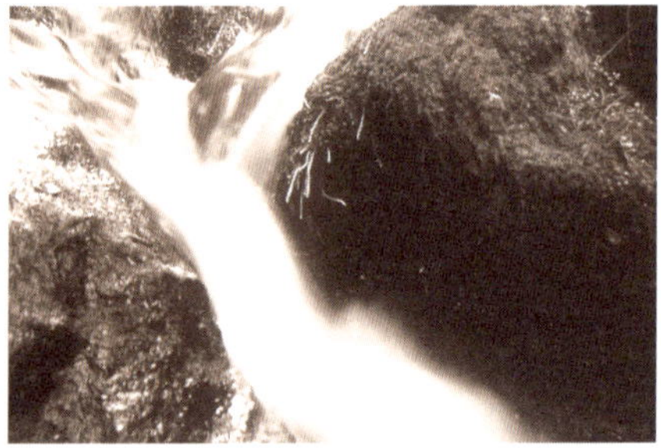

UNOS CORDONES DE REGALO

BRENDA MINNER, NEWARK, DELAWARE

Yendo a toda prisa por el supermercado, tropecé con una estantería de cordones de zapatos. Por pura vergüenza metí un paquete en mi carro y, después de pagar, lo metí en mi bolso. Después salí para el hospital de rehabilitación donde había estado visitando a Donald, un hombre que tiene las piernas y los brazos paralizados a consecuencia de una caída de una escalera.

Aquel día Donald estaba extrañamente abatido.

—Brenda —me dijo—, a veces siento que Dios sencillamente ha dejado de preocuparse por mí.

—Tú sabes que le importas... —comencé a decirle, pero en realidad no tenía una respuesta nueva que darle. Así que permanecimos sentados en silencio.

—Ah, por cierto—dijo Donald mientras me preparaba para irme—, la enfermera rompió uno de los cordones de mis zapatos. ¿Podrías conseguirme unos cordones nuevos?

Abrí mi bolso y saqué el paquete que había comprado en el supermercado. Los dos nos quedamos mirando asombrados a los cordones, y luego los puse en los zapatos de Donald.

¡Cordones de zapatos! Para unos zapatos de unos pies que ni siquiera se podían mover para poder llevarlos. Para unas manos que ni siquiera podían hacer el lazo.

—Donald, si Dios se preocupa por ti lo bastante para darte unos cordones de zapatos aun antes de que se los pidas —le dije—, estoy segura de que Él se preocupa por ti de maneras más importantes.

En su rostro se dibujó una sonrisa.

—Sí, tienes razón —dijo Donald—. Yo también estoy seguro de eso.

Cordones de zapatos. Siempre que estoy desanimada pienso en ellos, y entonces recuerdo que Dios también se preocupa por mí... hasta de los cordones de mis zapatos.

UNA FELICITACIÓN INESPERADA

CAROLYN HYDEN, FORT WORTH, TEXAS

Era el Día de las Madres y yo estaba muy preocupada por mamá este año. Por primera vez, pasaría sola ese día. Si al menos Gary estuviera con ella, pensaba sin cesar.

Mi hermano mayor, Gary, era un hombre callado y amable al que le encantaba ayudar a los demás. Siete años atrás, cuando mi papá murió, Gary se fue a vivir con mamá y consiguió un trabajo en una tienda cercana.

Fue un gran consuelo para ella. Jugaban juntos, veían la televisión y leían libros. Entonces, una tarde de noviembre, atracaron la tienda y Gary murió de un disparo. Después de eso la soledad de mamá se agudizó, y desde entonces nunca dejaba de orar por ella.

Aquel Día de las Madres llamé para ver cómo estaba. Para sorpresa mía, la oía calmada y con paz; entonces me contó el porqué.

El día antes, había recibido tarjetas de sus cinco hijos y sus siete nietos, pero al volver del buzón de correos no pudo evitar pensar en una tarjeta que no iba a recibir: la de un hijo del que nunca más volvería a tener noticias.

En el interior de la casa vacía mamá se hizo una taza de té y volvió a leer sus tarjetas. Por último, las juntó todas y las puso en una estantería de su cuarto para conservarlas. Y allí, sobre la estantería, se fijó en un libro que hacía mucho tiempo que tenía intención de leer. Al tomarlo y hojear las páginas, se cayó de él una vieja y desgastada tarjeta de felicitación con un mensaje escrito a mano. Decía así:

Feliz Día de las Madres

Con amor, Gary

UNA CESTA LLENA DE AMABILIDAD

DORIS KERR, VISTA, NUEVA YORK

El día de Navidad mi esposo, Dick, y yo fuimos los primeros en la escena del accidente: dos autos chocaron de frente.

Como soy enfermera, esperaba poder ayudar, pero era demasiado tarde. Dick y yo oramos con un muchacho adolescente que estaba clavado en su asiento. Le vimos morir antes de que llegara la ambulancia.

En los días siguientes, me las arreglé para localizar a los padres del muchacho en la guía telefónica. Hablé con sus padres y les relaté lo sucedido. En medio de sus lágrimas, me expresaron su gratitud. Sabían poco de las circunstancias de su muerte, y les consoló saber que su hijo había muerto mientras Dios estaba cerca de él mediante la oración.

Tres meses después, el domingo antes de Semana Santa, Dick y yo unimos nuestras manos para orar juntos en la mesa de la cocina antes de que él se fuera a un desayuno para hombres. No mucho tiempo después recibí una llamada telefónica del hospital. Dick había sufrido un ataque al corazón. Salí enseguida hacia su habitación en el hospital, pero llegué demasiado tarde para decirle adiós.

Estaba aturdida. De camino a casa el dolor me abrumaba y casi ni podía entrar en casa. Entré en la cocina, donde tan solo horas antes nos habíamos sentado uno al lado del otro para leer, hablar, orar.

Allí, sobre la mesa, había una cesta de frescas flores primaverales: una señal de un nuevo nacimiento y un símbolo de la resurrección. Miré la tarjeta para ver quién podría haber anticipado de una forma tan bella, sin saberlo, mi necesidad.

El regalo procedía de los padres del muchacho que murió el día de Navidad, pero el consuelo venía de Dios.

UN ANILLO PARA PAPÁ

MARY SHERMAN HILBERT, FREELAND, WASHINGTON

Mi papa era económico en algunas cosas y no acostumbraba a gastar mucho para sí mismo. Por ejemplo, aunque estaba dedicado a su club social, no se permitía comprar el anillo del club. Sin embargo, el amor por sus hijos, en especial por mi hermano Bob, era espléndido.

Cuando estalló la Segunda Guerra Mundial, mi apuesto y valiente hermano se hizo piloto de caza de la infantería de marina. A comienzos de 1944 murió bajo el ataque enemigo en el Pacífico Sur.

La fe de mamá le sostuvo, pero mi papá envejeció delante de nuestros propios ojos. Comenzó a dejar de trabajar, perdió el interés por las cosas y hasta dejó de ir a sus reuniones del club.

A medida que se acercaba la Navidad, mamá y yo nos preocupábamos cada vez más por papá. Ese período de vacaciones era el preferido de Bob; sus sorpresas de Navidad eran legendarias: una casa de muñecas hecha en la escuela para mí, un perrito escondido para su hermanito pequeño, un vestido muy caro para mamá comprado con el primer sueldo ganado por Bob.

El desconsuelo de papá continuaba consumiendo sus fuerzas. Mamá y yo orábamos juntas: «Amado Dios, ayúdanos esta Navidad».

El 23 de diciembre llegó un paquete oficial del gobierno; contenía más efectos personales de Bob. Papá observaba con seriedad mientras mamá desenvolvía el uniforme militar de Bob. Cuando lo fue a doblar para guardarlo, de forma automática revisó los bolsillos.

«¿Qué es esto?», murmuró de repente. Después, con un pequeño sollozo, se lo entregó a papá.

Nunca olvidaré la mirada que transformó su rostro en una mezcla de asombro, esperanza y sanidad, como si Bob estuviera aún con nosotros.

En su mano, sostenía un billete de cincuenta dólares doblado a la perfección con una nota escrita a mano por el propio Bob: *para el anillo del club de papá*.

EL CHEQUE EN EL SUELO

SANDY HILL, LEESBURG, OHIO

Cuando llegó la hora de renovar mi suscripción a una revista, les envié un cheque. Al mes siguiente recibí un aviso diciéndome que no había pagado y de inmediato les envié una copia de mi cheque cancelado, acompañado de una carta explicativa. Creyendo que el asunto estaba resuelto, metí el cheque en una carpeta llena de otros recibos.

Más tarde, me molestó encontrar un aviso en el buzón de mi trabajo procedente de una agencia de recaudación por la cantidad debida por la suscripción.

«¡Pero si ya lo pagué!», dije enfurecida. «¿Qué hago ahora?»

«Entrégaselo al Señor», me sugirió una compañera del trabajo.

No creía que el Señor se fuera a interesar tanto en mi vida cotidiana. Sin embargo, allí mismo, en mi puesto de trabajo, oré: «Señor, es algo muy pequeño, pero tú me podrías ayudar».

Esa noche le pedí a mi esposo, Danny, que me ayudara a descubrir ese cheque cancelado. Buscamos en todos nuestros voluminosos archivos, sin encontrar nada.

Bajé al sótano, a grandes pasos, para meter algo de ropa en la secadora. Cuando llegué al último escalón, vi un sobre en el piso. Sabía que no estaba allí cuando había bajado un rato antes de la cena. Y había sido la única persona que estuvo en el sótano en toda la tarde. Abrí el sobre y di un grito ahogado.

Corrí escaleras arriba gritando: «¡Danny, el cheque! Estaba en el piso del sótano. En un sobre». Él se quedó boquiabierto de la sorpresa.

Envié por correo otra copia del cheque junto con una carta a la agencia de recaudación y ahí acabó todo. No obstante, acababa de comenzar una nueva relación con Dios.

UNA TRADICIÓN FAMILIAR

CHERYL MORRISON, BELLEVILLE, ILLINOIS

«¿No va a haber chocolate caliente el día de Navidad?», preguntó nuestra hija adolescente Christine. Yo aparté la mirada.

«El año que viene», le prometí mientras se iba para prepararse para el culto de medianoche.

Siempre habíamos tenido chocolate caliente el día de Navidad; era una tradición. Ese año ni tan siquiera podíamos permitirnos tener eso. Cuando despidieron a mi esposo, Jack, seis meses atrás, él comenzó un negocio de tasación de seguros y trabajaba desde nuestro sótano. Aun así, la respuesta fue terrible. Además, para colmo de males, la transmisión de nuestro auto dejó de funcionar.

Nuestra hija mayor, Janice, aportaba las ganancias de su primer trabajo a tiempo completo, y las muchachas nunca se quejaron por tener que privarse de cosas. A pesar de ello, conforme se acercaba el fin de año, nuestro cuadro económico parecía cada vez más lúgubre y sombrío.

Al dirigirnos hacia la puerta, mis ojos se fijaron en nuestro viejo árbol artificial cubierto con oropeles sin brillo del año anterior. «Ni tan siquiera pude sacar algo de dinero de nuestro presupuesto para el chocolate caliente», pensé. Durante la reunión, oré en silencio: «Ah, Señor, tú prometiste cuidarnos. ¿Acaso nos has olvidado?».

Todos, a excepción de mí, se sentían animados por el mensaje de esperanza de la reunión. Al finalizar, la gente se abrazaba y se estrechaba la mano.

Conforme nos poníamos los abrigos y las bufandas, la líder de jóvenes de Christine nos llamó. «¡Esperen!». Sacó una jarra envuelta de su bolsa. «Feliz Navidad», ¡nos dijo la joven mientras nos entregaba chocolate caliente!

Ella no sabía de la tradición de nuestra familia. Y tampoco sabía que, para mí, ese sencillo regalo era un recordatorio de que Dios, a pesar de todo, no se había olvidado de nosotros.

Una llave para la cerradura

Sra. Theo Hill, Darlington, Carolina del sur

Era un día frío y ventoso a mediados de invierno, pero yo estaba ocupada, y caliente, dentro de la casa donde había vivido sola durante los últimos quince años. Necesitaba un poco de papel de regalo, así que abrí la escalera plegable y comencé a subir al ático. Tenía ochenta y un años por aquel entonces; y en el mismo instante en que el gélido aire del ático me golpeó, supe que debía haberme puesto un abrigo. «Bueno», pensé, «me apuraré».

Para mantener caliente el ambiente de la casa en la parte de abajo, cerré la puerta del ático tras de mí. Oí un clic, y enseguida supe que me había quedado encerrada. La puerta no tenía manija, pues se la había quitado para sustituir otra que se había roto. Y no había nadie más en casa.

El frío me penetraba hasta los huesos. Me arropé con una manta para dejar de temblar y me asomé por la ventana del ático. No se veía a ningún vecino y la ventana estaba trabada debido a la falta de uso durante años.

Pasó una hora y después otra. «Amado Señor, por favor, envía a mis hijos para que me ayuden», oré. Sabía que eso era algo poco realista, ya que ninguno de mis cuatro hijos tenía previsto venir a verme.

A mis pies se hallaba un montón amarillento y lleno de polvo de trabajos de escuela de mi hijo Billy. Encima de ellos había un viejo lápiz. Lo tomé y pensé en las horas que pasaría en la mano de Billy.

Una vez más, me puse a orar. Tan claro como cualquier palabra que haya podido oír jamás, vino a mí una pregunta: *¿Qué tienes en tu mano?*

Miré el lápiz y mi vista no se centró en la punta, sino en la parte metálica del otro extremo que una vez tuvo una goma de borrar. Ahora estaba aplastada, tal vez debido a los mordiscos que le daba Billy mientras intentaba resolver un problema de matemáticas.

Me dirigí a la puerta e introduje ese extremo del lápiz en el hueco de la cerradura. La cerradura dio vuelta. La puerta se abrió.

ZAPATOS DE BEBÉ PARA MI HERMANA

JANICE CHRISTOPHER, INDEPENDENCE, MISSOURI

Era el momento de comprar un nuevo par de zapatos para mi hermanita, Connie, así que mamá nos llevó a sus cuatro hijos a la zapatería. Echando un vistazo a las estanterías, se detuvo frente a un pequeño par de zapatos de muy buena calidad.

«Estos son los que Connie necesita con exactitud», dijo ella, deslizando sus dedos por la suave, mullida y blanca piel. Después mamá miró la etiqueta del precio y suspiró. «No creo que podemos comprarlos», dijo.

¿Y entonces? Mamá se sentó y agachó su cabeza. Tras unos minutos se levantó y nos sacó de la tienda. «No se preocupen», nos dijo. «De una manera u otra todo se arreglará».

Yo acaricié los marrones rizos de Connie, esperando que mamá tuviera razón. Mi hermanita no podía ir a la iglesia descalza al día siguiente.

Cuando llegamos a casa, salí con dificultad del auto y comencé a caminar sendero arriba. Vi a mamá que se detenía y miraba algo fijamente, con el rostro floreciente de asombro. ¿Qué miraba? Entonces me di cuenta.

Colgados de la manija de la puerta estaban los zapatos de bebé más bonitos que viera jamás. Estaban hechos de piel blanca de la mejor calidad, y parecía que nunca se habían usado. Yo ayudé a mamá a ponérselos en los pies a mi hermanita. ¡Le servían a la perfección!

Al día siguiente, al salir de la iglesia, nuestra vecina se acercó hasta nosotras. «Me alegro de que pudieras usar esos zapatos», dijo ella. «A mi nieta le quedaron pequeños aun antes de tener ocasión de usarlos».

Así que de esa manera llegaron, pensé. Agarrando la mano de Connie mientras daba sus pasitos, supe quién en realidad nos había dado los zapatos.

LA CAJA DE MUESTRA

SHIRLEY POPE WAITE, WALLA WALLA, WASHINGTON

Dos meses después que mi esposo se graduara y comenzara un nuevo trabajo, di a luz a nuestro primer bebé. Teníamos muy poco dinero y a veces no teníamos nada en lo absoluto.

Los días pasaban y yo iba ahorrando de aquí y de allá. Una mañana, después de recoger la ropa del bebé para lavarla, me di cuenta que no tenía detergente. Nuestro salario mensual no llegaría hasta finales de semana, y el dinero que teníamos apenas si nos alcanzaba para la comida, mucho menos para detergente. ¡Pero necesitaba pañales limpios para mi bebé! Fue una de esas pequeñas frustraciones que derivan en un desánimo del tamaño de un zeppelín. «Oh Señor, tú sabes que necesito detergente. Te pido que los míos me envíen algún dinero... pronto». De vez en cuando, mis padres me enviaban un pequeño cheque. Ellos eran la única fuente de recursos que se me ocurría.

Oí un ruido en la puerta. ¿Sería el cartero? De alguna manera, en realidad esperaba que Dios me respondiera con mucha rapidez. Me asomé por la ventana, pero no era el cartero. Quizá el viento la hiciera sonar.

Seguí con mis quehaceres. Seguía clamando al Señor. «¿Qué voy a hacer con lo de los pañales? Ah, Señor, ¿qué puedo hacer?»

De repente sentí la urgencia de ir a la puerta de entrada. Quizá el cartero había pasado y yo no me había dado cuenta. A lo mejor un cheque...

Abrí la puerta, ¡y colgando de la manija había una bolsa de plástico que contenía una caja con una muestra de un nuevo detergente!

¿Qué fue lo que aprendí sobre la oración ese día? Que Dios no solo responde a las oraciones, sino que tiene su propia manera de reprender a un ama de casa desesperada. Como dice Isaías 65:24: «Antes que me llamen, yo les responderé; todavía estarán hablando cuando ya los habré escuchado».

El Generoso Proveedor

Si ustedes creen, recibirán todo lo que pidan en oración.

MI CURSO DE ACTUALIZACIÓN

JAMIE VAN BUSKIRK, RATON, NUEVO MÉXICO

Mi segundo año del instituto no fue fácil. Una noche, cuando me metí en la cama preocupada por el trabajo del día siguiente, hice una oración: «Prepárame para mañana».

No podía dormir. Daba vueltas bajo las sábanas y, al final, encendí la lámpara de nuevo. Me puse a hojear un viejo libro escolar, luego tomé una revista.

Sin descansar aún, me puse a buscar alguna otra cosa y encontré el manual de emergencias médicas de un curso que había tomado hacía dos años. Aburrido, pensé. Si algo me puede hacer dormir, es esto. Se me habían olvidado los detalles, pero un procedimiento de emergencia concreto me vino a la memoria mientras leía. Cuando terminé, solté el manual en el piso y me quedé profundamente dormida.

A la mañana siguiente, en el vestíbulo de entrada de la escuela, bostezaba al mirar hacia la clase de biología. El maestro estaba tendido en el piso. «¿Señor Heuschkel?», pregunté mientras entraba en el aula.

Su rostro estaba casi morado. Me agaché y puse mi oído en su cara. No respiraba. «¡Llamen al 911!», grité.

Las instrucciones para llevar a cabo un masaje de resucitación cardiopulmonar estaban frescas en mi mente. Le insuflé aire un instante y volví a comprobar. Nada. Tampoco lograba encontrarle el pulso. Volví a repetir los pasos, haciéndolo yo sola hasta que el maestro de química entró a toda prisa y me dio el relevo con el masaje cardíaco mientras yo seguía con la respiración boca a boca. Cuando se presentaron los paramédicos para llevarse al señor Heuschkel al hospital, su pulso ya había vuelto a la normalidad.

«¿Te preparó para esto una clase de RCP?», me preguntó mi director.

«Sí», respondí. Aunque la noche anterior Dios me había dado un curso de actualización.

LO MEJOR DEL DOMINGO

KAREN WINGATE, COLDWATER, KANSAS

Justo antes de salir de Arizona para comenzar mi primer año de universidad en Ohio, mi mamá me hizo mi comida favorita: pollo asado, calabacín salteado con cebolla y tomate y pan integral casero.

La semana inicial de clases fue muy agitada; tuve que aprender a andar por el campus universitario y encontrar todas mis clases. Por primera vez en mi vida, tuve que presupuestar mi tiempo y mi dinero.

Cuando llegó el domingo, estaba deseando tener un descanso. La cafetería de la escuela estaba cerraba, así que pensé que podría comer fuera. Cuando salí de la iglesia, comprobé mi monedero. Solo tenía un dólar dentro. ¿Cómo puedo ser tan boba?, me pregunté. Quise llamar a mis papás, pero no quería preocuparlos.

Mientras regresaba a mi dormitorio, una oleada de nostalgia se apoderó de mí. Me acordé de la comida que mi mamá me había preparado antes de que me fuera. Siempre había dado por hecho que tendría garantizada mi próxima comida, pero en aquel momento no tenía comida, ni familiares cercanos, ni dinero. «Danos hoy nuestro pan cotidiano», oré, a la vez que intentaba contener las lágrimas.

Una vez más volví a revisar mi monedero. Sin embargo, csta vez en lugar de dinero encontré un pedazo de papel con un número de teléfono que un amigo me había dado antes de irme de casa. «Mis padres viven en Cincinnati», me dijo. «Les encantará conocerte. Llámalos». Y lo hice.

«Estamos a punto de sentarnos para la comida del domingo», dijo la señora Ensign. «Ven para acá».

El Señor cuidó de mí ese día. El menú de la señora Ensign no era de este mundo: ¡pollo asado, calabacín salteado con cebolla y tomate, y pan integral casero!

Una rosa en el quinto día

Jim Meeker, Huntington Mills, Pensilvania

Era una tarde gris de febrero, pero yo pensaba en las flores. Me hallaba de camino a la fiesta de cumpleaños de mi hija y quería regalarle un ramo. Ella vivía cerca de Pittston, Pensilvania, a casi cincuenta kilómetros de casa. Busqué, aunque sin ningún éxito, una floristería, hasta que mis ojos divisaron una pequeña tienda de comestibles. Ellos deben saber, pensé.

Una señora mayor salía de la tienda cuando me detuve. Cuando le pregunté por una floristería, reaccionó con sorpresa.

Sus ojos se iluminaron y una sonrisa hizo que sus mejillas se sonrojaran. «¿Flores?», preguntó ella. «¿Alguien va a recibir flores en el día de hoy?»

«Sí, es el cumpleaños de mi hija».

La anciana me indicó una floristería cercana. Intenté darle las gracias, pero se dio media vuelta y se alejó enseguida.

Compré un colorido ramo para mi hija en la tienda, y también decidí llevarle un recordatorio a la mujer que me indicó el camino a la tienda: una rosa roja de exquisita belleza.

Volví conduciendo a la tienda de comestibles, y la dependienta que había tras el mostrador asintió cuando le describí a la anciana.

—Viene casi todos los días —me dijo.

—¿Haría usted el favor de entregarle esto? —le pregunté.

—¡Una rosa! —dijo la señora con emoción—. Ella ha estado haciendo una oración especial durante cinco días, ¡y hoy es el quinto día!

—¿Y qué tiene eso que ver con la rosa?

—Es un mensaje que viene de Dios —me explicó la dependienta—. Me dijo que si recibía una rosa al quinto día, sería señal de que Dios había contestado su oración.

Carteles en la carretera para guiarnos

Marlene Wiechman, West Point, Nebraska

Al volver de un viaje de vacaciones, mi familia y yo conducíamos por un desolado tramo de autopista en Wyoming cuando nuestra hija, Emily, que tenía casi cinco años, dijo de repente que sentía náuseas.

Enseguida supe que sucedía algo terriblemente malo. Sus ojos no se enfocaban y cuando le hablaba, volvía a enfocarlos por un instante. «¡Emily!», le grité. Y después perdió el conocimiento.

«Señor», oré, «necesitamos llevarla a un médico y rápido». La ciudad más cercana era Rock Springs, a casi cien kilómetros de distancia. Cada minuto era precioso. Emily había sufrido un derrame cerebral cuando solo tenía siete meses, y siempre estábamos atentos a cualquier señal indicativa de que pudiera sufrir otro.

Al fin nos acercábamos a Rock Springs. Sin embargo, una vez allí, ¿cómo encontraríamos un médico? Para alivio nuestro, divisamos un cartel azul con una H blanca sobre ella. Y poco después de ese, otro cartel, luego otro dirigiéndonos al hospital, donde a Emily la ingresaron en urgencias. Muy pronto se estabilizó su situación y mejoró enseguida. Un pequeño ataque de epilepsia, dijo el médico.

Aquella tarde, mi esposo y mi padre salieron a la autopista para ir a una gasolinera que habíamos visto y se perdieron de regreso al hospital. Habían estado contando con que los carteles del hospital les guiaran. Cuando le contaron al médico su contratiempo, este dijo: «¿Qué carteles? No hay carteles del hospital en esa carretera».

Y, sin embargo, nosotros los vimos justo cuando más los necesitábamos.

UNO SE CONVIRTIÓ EN DIEZ

ESTHER MCINTOSH, LAWRENCEVILLE, GEORGIA

Tenía solo dos dólares en mi monedero; y me tenían que durar hasta que me volvieran a pagar, dentro de diez días. Mi esposo estaba fuera por asuntos de trabajo, y yo estaba en casa con nuestros dos hijos, ahorrando cada centavo que podía.

El lunes, mi padre llamó para decirme que necesitaba asistir a una reunión del sindicato el viernes por la tarde. ¿Podría ir y quedarme con mamá? Estaba postrada en cama debido a un tumor cerebral y necesitaba que alguien le ayudara con las medicinas. No lo dudé y dije que sí. En el año 1970 bastaba un dólar para echar gasolina para llegar allí y regresar a casa, y todavía me quedaría otro dólar de «emergencia».

Durante toda la semana mi hija de cinco años estuvo pidiéndome que le comprara alguna cosa del camión de los helados. Y cada vez que lo hacía, abría mi monedero, le enseñaba los dos billetes de dólar y le explicaba por qué no podíamos permitirnos ese lujo.

Cuando llegamos al viernes, las palabras de despedida de papá fueron: «No te olvides de darle a mamá su Dilantin», que era su medicina para evitar las convulsiones. Después que papá se fue, me di cuenta que el frasco estaba vacío. Me aterrorizó pensar que mamá fuera a tener convulsiones por no tomar su medicina a tiempo.

Mamá me dijo que revisara su monedero y un par de sitios más para ver si tenía algo suelto, pero eso fue todo lo que encontré: menudo. Llamé por teléfono a mis hermanas, pero ninguna estaba en casa. La receta costaba unos ocho dólares. ¿De dónde iba a sacar ese dinero?

«Dios se encargará de ello», dijo mamá.

Sin saber qué hacer, decidí ir a la farmacia con mi único billete de dólar y rogarle que confiara en que le pagaría el resto. Cuando volví a mirar en mi monedero, me quedé pasmada.

Ese único billete ahora era de diez dólares.

UNA VIEJA LAVADORA IMPREVISIBLE

ANNETTE SIMS, NASHVILLE, TENNESSEE

En 1968 mi esposo, Billy, estaba a punto de ir a Vietnam, dejándome con un niño de tres años, un segundo hijo en camino y una vieja lavadora imprevisible. Cada mañana la lavadora se detenía después del ciclo de lavado, con el tambor lleno de agua jabonosa sin desaguar.

Billy tenía una forma de arreglarla; le quitaba la parte de arriba y movía un cable. Entonces, ¿qué haríamos cuando Billy no estuviera? Oraba para que Billy volviera sano y salvo a casa, y no me acordé de la lavadora hasta el día después de irse.

Esa mañana, a regañadientes llené la lavadora de ropa sucia y dije: «Señor, ¿qué voy a hacer con un niño de tres años, un bebé y una lavadora estropeada? Por favor, Dios mío, ayúdame a pasar por esto».

Una hora después, volví a la lavadora y, para sorpresa mía, la ropa había pasado por el ciclo completo de lavado y enjuague, y estaba lista para la secadora. La lavadora siguió funcionando a la perfección durante días, y muy pronto me olvidé por completo del problema.

En enero de 1969 Billy volvió sano y salvo a casa. Traía una bolsa de lona llena de ropa sucia. Ese mismo día la metí en la lavadora y volví enseguida a la sala para estar con Billy mientras él conocía a nuestro hijo recién nacido.

Una hora después volví a la lavadora. ¿Y saben lo que me encontré?

¡Agua llena de jabón sin desaguar!

Lo único que pude hacer fue reírme y sentirme más bendecida que nunca. ¡Billy estaba en casa y la lavadora había vuelto a hacer de las suyas como antes!

El lenguaje que sé

Rosemary Jackson, Santa Fe, Nuevo México

Trabajo como voluntaria en un comedor en Santa Fe donde se oye hablar tanto en inglés como en español. Muchas veces hubiera deseado poder hablar español, en especial con dos de mis clientes favoritos habituales, a quienes llamaré Juan y Miguel. Por fortuna, el inglés de Juan es lo bastante bueno como para poder traducirle a Miguel, quien no habla nada en lo absoluto.

—Hola, ¿cómo va eso? —les pregunté un día.

Juan me contó que él y Miguel habían estado buscando trabajo por todas partes.

—No hubo suerte —dijo.

Se les había acabado el dinero y dormían en un parque cercano. Me imaginaba lo duro que sería encontrar trabajo, en especial cuando eres un desamparado.

—¿Por qué no oramos por esto? —les sugerí, esperando que Juan se lo tradujera a Miguel. Después todos unimos nuestras manos y le pedimos a Dios que los ayudara a encontrar trabajo.

Después de eso, no volví a ver a Juan y a Miguel durante una temporada. Me imaginaba que habrían tenido que irse de la ciudad para encontrar trabajo. Entonces, un día regresaron.

—Queremos darle las gracias —dijo Juan. Miguel sonrió y habló en español mientras su amigo le traducía:

—Miguel dice que es cierto que la oración da resultado. ¡Los dos tenemos trabajo!

—Demos gracias —les dije.

Incliné mi cabeza e hice una breve oración de agradecimiento en voz alta. Después de decir «Amén», abrí mis ojos y vi que mis amigos me estaban mirando con fijeza.

Miguel habló en un tono insistente y luego Juan me lo explicó.

—Mi amigo lo dice y yo también. Fue una oración muy bonita. Gracias. Su español es perfecto.

¿Perfecto? No sé como es posible. Porque yo había hecho la oración en inglés, el único lenguaje que sé.

UN TORNILLO CAÍDO DEL CIELO

DUANE L. BURCH, SEVIERVILLE, TENNESSEE

Nos encontrábamos a casi cincuenta kilómetros del cuartel de la marina en Fort Meade, Maryland, donde mi amigo y yo estábamos emplazados, cuando se iluminaron los pilotos de aviso del panel de instrumentos y el motor empezó a chisporrotear. Por fortuna, pudimos llegar a un área de emergencia, aunque en cuestión de hora y media debíamos estar de regreso, pues si nos retrasábamos nos considerarían AUSENTES SIN PERMISO.

Me dispuse a echar un vistazo bajo el capó y descubrí que un tornillo que sujetaba el generador se había salido de su sitio, haciendo que se soltase la correa del ventilador y provocando que el motor se sobrecalentara y la batería se descargara. El tornillo no lo encontramos por ninguna parte.

—¿Qué vamos a hacer ahora? —preguntó mi amigo, bastante desesperado. Él no quería tener ninguna mancha en su historial de servicio, y a mí tampoco me hacía mucha ilusión.

—Tú eres aquí el religioso —dije con sarcasmo—. ¿Por qué no oras?

Mientras se alejaba, busqué un tornillo que sustituyera al perdido, pero no hubo suerte.

Mi amigo regresó con un semblante bastante calmado.

—He seguido tu consejo —dijo—. Todo va a salir bien.

Se oía el retumbar de un gran tractor que venía hacia nosotros. Mientras pasaba, escuché un ruidito en la carretera y sentí que algo chocaba contra mi pie. Miré hacia abajo y vi un tornillo que debió de haberse caído del tractor. Lo tomé e intenté acoplarlo. ¡Encajaba a la perfección!

Han pasado treinta años y todavía puedo sentir el pequeño trozo de hierro golpeando mi pie. En realidad, fue un tornillo caído del cielo.

SIN COMIDA EN CASA

ADELE HOOKER, NEWBERG, OREGÓN

Yo siempre he tenido una fe firme en Dios, pero nunca esperé que se produjeran milagros en mi vida. Hasta hace unos años...

Cuando nuestra familia de cuatro miembros vivía en Muskogee, Oklahoma, nuestros ingresos eran tan pequeños que apenas podíamos pagar nuestras necesidades básicas. A veces comíamos cereales con leche durante una semana. En uno de esos momentos, unos amigos que se encontraban de viaje por la ciudad pasaron a vernos y, para asombro mío, mi esposo los invitó a cenar.

Me inquieté, después fui a mi cuarto, me arrodillé y le pregunté a Dios cómo iba a preparar una cena sin tener alimentos en casa.

«Pero sí tienes», fue la respuesta que vino a mi cabeza. «Tienes carne en el refrigerador». (Yo no lo creí). «Tienes verduras». (Quizá una lata de judías). «Haz un guiso. Y tienes harina. Haz galletas». (Eso sí podía hacerlo. Me quedaban muy buenas las galletas).

Fui a la cocina para demostrarle a mi voz interior que estaba equivocada, pero en el refrigerador había unas cuantas hamburguesas, en el cajón de las verduras había media cebolla y una zanahoria, y en el cesto debajo del fregadero había dos patatas pequeñas.

Hice el guiso. ¿Acaso no le había pedido ayuda a Dios? ¿Qué otra cosa podía hacer sino seguir las instrucciones que me pareció recibir? Puse la escasa comida en una olla, hice la masa para las galletas y puse la mesa.

Cuando serví el guiso, solo había lo suficiente para llenar medio bol. Mi esposo y yo comeríamos solo galletas y leche. Sin embargo, cuando pasé el guiso a los demás para que se sirvieran, vaya, hubo bastante ¡Nos servimos nosotros y volví a pasar el guiso de nuevo!

Cuando terminamos de cenar, nuestros huéspedes me dieron las gracias por la deliciosa comida. Y aún me sobró.

Tuvimos sobras. Es cierto, ¡nos sucedió de verdad!

UN PERRO DELGADUCHO LLAMADO BUCK

JOY THAMES, AWENDAW, CAROLINA DEL SUR

Logré que saliera de debajo del camión de mi papá: un perro delgaducho al que llamé Buck. Y enseguida nos hicimos inseparables.

En septiembre de 1989, bajo la alarma del huracán Hugo, mi familia tuvo que evacuar nuestra casa móvil y tuvimos que irnos a casa de mi tío en Awendaw Creek. Dieciséis de nosotros llenamos la pequeña casa. Me quedé durante un rato en el portal de la casa con Buck, viendo cómo los altos pinos se partían con el viento.

Cerca de la medianoche, el riachuelo empezó a crecer con rapidez y tuvimos que subir de prisa al piso de arriba de la casa, ya que la parte de abajo quedó inundada. En medio de la confusión, dejé fuera a Buck.

Intenté volver a buscarlo, pero mi mamá me detuvo. «¡El agua sigue subiendo de nivel!», gritó. ¿Pero y Buck? No lograría sobrevivir a las aguas turbulentas que había afuera, así que hice lo único que se me ocurrió: le imploré a Dios que refugiase a mi amigo.

Después de unas horas, el agua descendió. Bajamos las escaleras y yo chapoteé por entre casi diez centímetros de barro que había en el piso hasta llegar a la puerta de entrada. Buck no estaba. Caminé por la oscura y húmeda casa hacia el protegido portal trasero. La puerta estaba aún fuertemente cerrada y yo comencé a gritar.

Justo entonces oí un gemido. ¡Acurrucado en el columpio del portal estaba Buck! Restregué mi cara en su empapado pelaje. «Cómo pudiste...».

Algo comenzó a chorrear sobre mí y, alzando la vista, vi un pequeño desgarrón en la tela metálica cerca del techo, a unos seis metros del suelo. Miré a Buck y volví a mirar de nuevo al agujero. Era la única abertura de entrada que había en la casa. El riachuelo debió de haber crecido lo suficiente para que Buck se acurrucara dentro... para refugiarse.

En medio de una tormenta

Joan Shelton, Windham, New Hampshire

Estando de vacaciones en México, mi esposo, Dick, y yo nos pusimos nuestros atuendos de *windsurf*, llevamos nuestras tablas a la playa y nos dispusimos a navegar por el Caribe.

Dick iba varios metros por delante de mí cuando, de repente, el aire me levantó y me dio la vuelta arrojándome al océano. Cuando pude nadar hasta mi tabla, estábamos en medio de una tormenta tropical.

Intenté sacar la vela del agua, pero el viento y la lluvia eran más fuertes que yo. No encontraba a Dick por ningún sitio. Me aferré a la tabla: sabía que si no me aferraba a ella, me ahogaría.

En ese momento, en medio del remolino de lluvia, vi un enorme barco de crucero que se dirigía directo hacia mí. ¡Era imposible apartarme de su camino! Paralizada por el miedo, pensé en nuestros dos hijos pequeños que estaban en casa y cerré mis ojos para orar: «Señor, sálvame».

Cuando abrí mis ojos, el barco había cambiado de rumbo y se alejaba.

Cuando el mar se calmó, Dick vino navegando hasta mí.

—Vayamos a la orilla ahora que podemos —dijo.

Cerca de la playa, divisé a un amigo nuestro moviendo sus brazos con locura. Antes de que saliera del agua, él gritaba:

—¿Lo vieron?

—¿Qué? —pregunté.

—El tornado marino. Iba por el agua, justo en dirección a ti, y luego, en menos que esto —e hizo un chasquido con sus dedos—, desapareció.

¿Sería por eso que el barco cambió el rumbo? Nunca lo sabré. Solo sé que en el momento de mi necesidad, Dios respondió mi oración.

La llave en la lata de jamón

Helen S. McCutcheon, Lakeland, Florida

Eran las cinco y media de la tarde cuando mis tres hijos y yo salimos del supermercado; a fin de regresar a casa antes de que oscureciera, tomamos un atajo. Caía una fría neblina: la monotonía de un atardecer de febrero en Michigan.

Cuando llegamos a las vías del tren, mi hija de seis años, Lynda, tropezó y se cayó, y su pie derecho se quedó encajado entre la traviesa de madera y la vía de acero.

«Desátate el zapato, cariño, y saca el pie», le dije. Sin embargo, Lynda ya había tirado de los cordones haciendo de la lazada un nudo muy apretado. Intenté deshacer el nudo con la llave de casa, y luego con una horquilla de cabello. Con todo, aún seguía apretado. Intenté tirar del pie de Lynda para sacarlo del zapato, pero no salía. Había que desatar el nudo.

Comenzando a preocuparme, bajé del terraplén a mis otros dos hijos, dejé allí las bolsas de comida y volví corriendo con Lynda.

Fue entonces cuando sentí una leve vibración. ¡Se aproximaba un tren! Hundí mis dedos en el nudo, desgarrándome las uñas hasta sangrar. Lynda y yo comenzamos a sollozar a causa del miedo.

«Ah, Dios», grité. «Ayúdanos. Por favor, Dios».

Dos pequeños rostros me miraban fijo desde la cuneta, muertos de miedo. Fue entonces cuando mis ojos se desviaron hacia las bolsas de la comida.

«¡El jamón!», grité, en un extraño arrebato de revelación. Agarré la lata de jamón, saqué la llave que tenía debajo y le quité la tapa. Usando el afilado borde de la tapa, corté el nudo y tiré de Lynda hasta sacar su pie del zapato. Con el resplandor y el rugir del tren que se aproximaba, nos caímos rodando por la cuneta. Estábamos a salvo.

Había oído decir que Dios nos da lo que necesitamos cuando lo necesitamos. Desde aquel entonces siempre me he preguntado: ¿Qué me dio el Señor en aquel preciso momento? ¿La afilada tapa de una lata de jamón o una afilada y rápida imaginación?

SIN TIEMPO PARA BUSCAR

SALLY WALTMAN, HARRISBURG, PENSILVANIA

Aquel día de junio nuestro perro, Peanut, iba corriendo detrás de mí mientras trotaba por la mañana. Solo hacía unos meses que yo había vendido mi casa y me había trasladado a ese vecindario con mi hijo, Michael.

Como no estaba permitido tener perros grandes en los apartamentos, nos vimos obligados a deshacernos de nuestro enorme terrier Airedale. Estábamos muy tristes. Entretanto, mi hijo de ocho años de edad, Michael, comenzó a tener problemas en la escuela. «Consigan otro perro», nos aconsejó el sicólogo.

Así fue cómo se rescató de la perrera la pequeña perrita marrón que corría pisándome los talones. Produjo un efecto positivo e inmediato en el comportamiento de Michael, y también fue una gran compañera de carrera para mí.

Casi habíamos llegado a casa cuando miré tras de mí. Peanut se había ido. Debió de haberse perdido en un bosque cercano. La llamé y miré, pero en vano.

En casa, Michael se puso a llorar cuando le di la noticia, pero no teníamos más tiempo para buscarla. Tenía que apresurarme para llegar al trabajo y él tenía que ir a su primer día del campamento de verano.

«Vamos a orar», le dije. Michael confiaba en que Dios nos ayudaría a encontrar a Peanut, y yo oraba para que Michael no se decepcionara si Peanut no encontraba el camino de vuelta a casa.

Dejé a Michael en el campamento, explicándole la situación al director. Unos minutos después de llegar a mi trabajo, la consejera del campamento de Michael estaba al teléfono. Yo no sabía que ella vivía tan solo a una manzana y media de nuestra casa. Justo antes de que saliera para el trabajo, encontró a una pequeña perrita marrón en su jardín y la metió en su casa, con la intención de buscar a su dueño más tarde. Era Peanut.

Dios me enseñó

Derek Best, Salt Lake City, Utah

Mi novia, Kasey, y yo visitábamos a su familia en Albuquerque, Nuevo México, en el Día de Acción de Gracias cuando se desató una tormenta de nieve. Yo estaba preocupado por el largo camino hasta casa por carreteras montañosas resbaladizas.

«Te voy a dar un juego de cadenas de nieve para las ruedas», dijo mi suegro. «Sabes cómo usarlas, ¿no es así?»

«Sí, claro. Gracias», dije. Lo cierto es que nunca había puesto cadenas de nieve en las ruedas, pero no quise parecer incompetente, o peor aun, que mi suegro pensara que no era capaz de cuidar de su hija.

Me agaché tras la rueda derecha trasera y saqué una de las cadenas. Tenía dos filas de pesados eslabones de metal, los cuales estiré en el suelo, tras la rueda. Luego eché hacia atrás el auto poco a poco hasta que las cadenas se posicionaron debajo de la rueda. Sin embargo, cuando junté los extremos para abrocharlos, estos no encajaban.

Mis dedos comenzaban a entumecerse debido al intenso frío, mientras me esforzaba por unir las cadenas. Por mucho que me esforzaba, los extremos no alcanzaban a abrocharse. Había una separación entre los dos extremos de unos cinco centímetros. *Señor, ¿cómo funciona esto?* Soltando los extremos de las cadenas, puse la cabeza entre las manos, frustrado por completo.

Cuando volví a mirar a la rueda, no podía creer lo que veía. ¡Las cadenas estaban unidas a la perfección alrededor de la rueda! Las examiné con más detenimiento y descubrí que había una palanquita que se podía apretar para alargar la longitud de las cadenas. Y así era como funcionaba.

Dios me enseñó a poner las cadenas en una de las ruedas. Ahora sabía cómo terminar el trabajo por mi cuenta.

SANIDAD MILAGROSA

Oren unos por otros, para que sean sanados.
La oración del justo es poderosa y eficaz.

UNA MENTE SIN CARGAS

DAVID SNITKER, WAUKON, IOWA

Tras sufrir un accidente con un soplete de soldadura, estuve en la unidad de cuidados intensivos con ochenta por ciento de mi cuerpo quemado; pero sentía la presencia de Dios y sabía que no iba a morir. Me sentía protegido por las oraciones de mis familiares y amigos. Me animó mucho una cadena de oración ecuménica, la clase de la escuela dominical de los niños y sus tarjetas deseándome una pronta recuperación, y los atletas del instituto que recaudaron dinero para pagar las facturas del hospital.

Entonces, cuando comenzaba a mejorar, algunos pensamientos desalentadores entraron en mi mente. «¿Por qué soy merecedor de toda esta muestra de amor?», me preguntaba. «He cometido muchos errores, he hecho cosas de las cuales me avergüenzo».

De repente, entré en una recaída. Mi temperatura subió y dejé de progresar. Debido a mi sentimiento de culpabilidad, había dejado de clamar a Dios. Entonces una noche, para sorpresa mía, me encontré pidiéndole a una enfermera que me leyera algún pasaje de la Biblia.

Ella tomó mi Biblia y comenzó a leer al azar. «A ti, SEÑOR, elevo mi clamor desde las profundidades del abismo...».

Era el Salmo 130, ¡la oración perfecta para un hombre que se sentía indigno!

«Si tú, SEÑOR, tomaras en cuenta los pecados, ¿quién, SEÑOR, sería declarado inocente? Pero en ti se halla perdón [...] en él hay amor inagotable».

Cuando terminó, volvió a tomarme por rutina la temperatura. Sin embargo, la mirada que había en su rostro cuando vio el termómetro no era en absoluto rutinaria. «Ha bajado», me dijo. «¡Estás mejor!»

¡Qué sucesos tan extraños! Dios me había salvado la vida; luego yo dejé que mi culpa se interpusiera en el camino de su poder sanador. Así que, ¡Él no lo consintió! Utilizó a una enfermera y un pasaje de las Escrituras para descargar mi mente y así poder terminar de sanar mi cuerpo... por completo.

CUESTIÓN DE CONFIANZA

JOANNA DANIEL, ANDERSON, CAROLINA DEL SUR

Los dolores de cabeza y el agotamiento que me acosaban durante semanas se agudizaban. Al final, un especialista diagnosticó que mi problema se llamaba hemólisis: la destrucción de los glóbulos rojos de la sangre. El tipo que yo tenía era mortal, y casi siempre era cuestión de meses. Solo tenía cuarenta y cinco años, con un esposo y tres hijos que cuidar.

«Sus glóbulos están estallando como pequeños globos de aire», me dijeron los médicos, «pero no sabemos por qué. Su enfermedad está tan avanzada que cualquier tratamiento es demasiado arriesgado. Lo único que podemos hacer es esperar».

A solas en la habitación del hospital, sentía náuseas a causa del temor. Estaba sobre todo preocupada por mi hija pequeña, Marcia. Era una niña con síndrome de Down; ¿cómo se las arreglaría?

Siempre que Marcia tenía miedo, gritaba: «¡Diablo, aparta tus manos de mí! ¡Soy propiedad de Dios!». Había escuchado eso en la televisión.

Todos sonreíamos siempre con la sencillez de su confianza. Sin embargo, ahora yo me preguntaba si tendría la fe suficiente para decir esas palabras... ¿y decirlas creyendo? Con una valentía poco común, dije: «Satanás, ¡aparta tus manos de mí! ¡Soy hija de Dios y no moriré hasta que Él haya terminado su obra conmigo!».

Casi al instante el sentimiento de náusea desapareció. ¡Sentí la presencia de Cristo!

Me fui a casa, pero regresaba al hospital tres veces a la semana para que me hicieran análisis de sangre. A la segunda visita, el doctor me dijo que mi cantidad de glóbulos rojos había aumentado tres puntos. «¿Qué está ocurriendo?», preguntó desconcertado.

Cinco meses más tarde, sin medicinas, ni tratamiento de ningún tipo, el recuento de glóbulos rojos estaba normalizado.

No había ni rastro de la hemólisis. Los doctores estaban asombrados, pero yo no.

Hoy en día, a menudo tomo a Marcia en mis brazos, la abrazo y digo: «¡Diablo, aléjate! ¡Nosotras dos somos propiedad de Dios!».

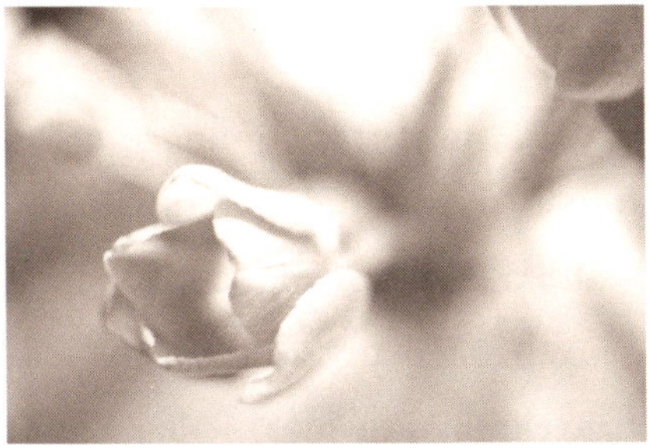

UNA ORACIÓN SINCERA

ELLEN ST. JOHN BARNWELL, ATLANTA, GEORGIA

«Háblame, Señor, y habla a través de mí». Esa era mi oración diaria, y como tal la repetí ese domingo en St. Luke. En el altar resplandecían las rosas rojas: rosas que yo había mandado traer en memoria de mi madre. Cuando terminó el culto, me volví a mi hijo Bob.

—Después de cenar le llevaremos las flores del altar a la señora Marie.

—Buena idea —asintió él.

Mi madre y la señora Marie, que rondaba los ochenta años, fueron muy buenas amigas.

De regreso a casa, mientras conducíamos y entonábamos juntos el himno final, los dos dejamos de canturrear a la vez.

—Llevemos ahora las flores a la señora Marie.

A los dos se nos había ocurrido la misma idea.

—¿Qué te hizo cambiar de idea? —le pregunté, a la vez que Bob se disponía a cambiar el rumbo a la casa de la señora Marie.

—No lo sé —fue todo lo que me pudo decir.

—Yo tampoco lo sé —dije dudando—, pero no perdamos más tiempo.

La hija de la señora Marie, Alice, respondió al timbre de la puerta. Cuando le entregué las rosas, dijo:

—¡Qué bonitas! He estado en cama con la gripe —expresó vagamente con un ademán—. Mamá estaba descansando en su habitación. Permíteme ver si está despierta.

Entonces oímos un fuerte grito.

Bob y yo corrimos por el vestíbulo. La señora Marie estaba tumbada, inconsciente, en el piso. Bob la puso en su cama y yo llamé a una ambulancia, mientras Alice comenzaba a poner paños de agua fría sobre la frente de la señora Marie. Sus ojos pestañeaban.

—Suerte que la encontraron a tiempo —nos dijo el médico—. Cuando es un pequeño ataque, no pueden gritar para pedir ayuda.

—No podía hablar —murmuró la señora Marie—. Oré a Dios en mi corazón.

Esas fueron las dos oraciones que Él respondió de manera unánime.

LA LUZ COLOR RUBÍ

EROS M. SAVAGE, IRVINE, CALIFORNIA

En un frío atardecer, hace ya muchos años, mi esposa Bartie y yo partimos en nuestro yate de crucero para llevar a cabo un picnic nocturno al sur de la bahía de San Francisco. Saludamos a un equipo que se dirigía a hacer unas prácticas de remo, y luego seguimos por el canal hacia el puente de San Mateo. Las agitadas aguas pronto se convirtieron en unas olas enormes.

Al llegar al puente levadizo, le hice señas a la barcaza del puente para que nos permitiera pasar. Negó con la cabeza, señalándonos la espuma de las olas que había más adelante en el agua. Estábamos a punto de dirigir nuestra embarcación a casa cuando en la distancia, cerca de unas marismas, vimos el destello de una luz color rubí que resplandecía en forma de cruz. Bartie y yo quedamos fascinados. Giramos nuestra embarcación en dirección a la luz.

Fue una irresponsabilidad por mi parte, en unas marismas poco profundas el motor puede tragar tierra y estropearse, pero me sentí forzado a seguir la cruz. En aquel momento el barro salía por el sistema de escape, y la temperatura del motor había subido hasta alcanzar niveles peligrosos; pero la luz me atraía.

Llegamos hasta la luz, y descubrimos que solo era una boya que reflejaba una rojiza puesta de sol. Bartie y yo nos sentimos tontos; en realidad habíamos arriesgado nuestra embarcación para perseguir un espejismo.

«Mira, el agua está llena de cocos», dijo Bartie. Pero no eran en absoluto cocos; eran los hombres del equipo de remo, cuya canoa había chocado contra el puente y se había hundido. Uno a uno los subimos a bordo. Habían estado en el agua más de una hora. Viendo de cerca su muerte y tragando el agua helada del mar, habían llegado al punto de la desesperación y habían orado juntos para que alguien los rescatara.

Y fue entonces cuando la cruz comenzó a brillar ante mí.

ORACIÓN POR UN HUEVO

JOSEPHINE M. KUNTZ, OAKLAND, CALIFORNIA

En cierto momento durante el invierno del año 1940, mi esposo, que era pintor de casas, se quedó de forma temporal sin empleo debido al mal tiempo; y la planta textil donde yo trabajaba estaba cerrada debido a una suspensión transitoria. Literalmente, no teníamos dinero. Para empeorar aun más las cosas, nuestra hija de dieciocho meses, Rachel, se recuperaba a duras penas de una neumonía; y el médico insistía en que la alimentáramos con un huevo cocido todos los días. Incluso eso iba más allá de nuestros recursos.

«¿Por qué no oramos por un huevo?», nos sugirió nuestra niñera, la cual seguía con nosotros sin que le pagásemos para ayudarnos. Éramos una familia que asistía con regularidad a la iglesia, pero una fe tan profunda como la de esa joven era algo nuevo para nosotros en aquel tiempo. De todas maneras, ella y yo nos pusimos de rodillas y le dijimos al Señor que Rachel necesitaba un huevo cada mañana. Dejamos el problema en sus manos.

Cerca de las diez de la mañana, oímos un cacareo procedente de la cerca que había enfrente de nuestra casa. Allí, entre las ramas, había una gallina gorda y roja. No teníamos ni idea de dónde habría llegado. Tan solo nos quedamos mirando asombradas cuando puso un huevo y después siguió hacia delante por la carretera, hasta que la perdimos de vista.

La gallinita roja ese día fue toda una sorpresa y le dimos gracias a Dios por ello; ¿pero se pueden imaginar lo perplejas que nos quedamos cuando volvimos a oír a la gallina cacarear en el seto a la mañana siguiente? ¿Y al día siguiente y al otro? Todos los días durante más de una semana, Rachel tuvo un huevo fresco cocido.

Rachel se fue recuperando, y al fin el tiempo cambió y mi esposo volvió a trabajar. A la mañana siguiente esperé en la ventana y miré; pero nuestras oraciones ya estaban, de forma precisa.

La gallinita roja no regresó. Nunca más.

POR FAVOR, PROTÉGEME

KRISTINA SEIDEL, WESTLAKE VILLAGE, CALIFORNIA

El entrenador me felicitó por la buena práctica que realizaba en el gimnasio. Iba de un ejercicio a otro, haciendo todas las rutinas gimnásticas que quería dominar para la competencia.

Cuando llegué a las barras asimétricas, estaba cansada y sudorosa; pero aun así seguía decidida a intentar la salida que había estado practicando en la colchoneta, un rectángulo lleno de espuma que asegura un aterrizaje sobre blando. Esta vez estaba decidida a hacerlo en la lona.

«Amado Dios», oré mientras me subía a las barras, «por favor, protégeme. Amén».

Colgada de las manos, con el cuerpo extendido, giré una vuelta completa alrededor de la barra. Coloqué mis pies por fuera de mis manos llenas de polvo de tiza y salté al vacío, dando vueltas hacia delante...

Me había soltado demasiado pronto. No tenía la altura suficiente para dar un giro completo y caer de pie. De repente, en un medio arco, sentí que mi entrenador me empujaba para que la parte superior de mi cuerpo aterrizara sin daños sobre la lona. El resto de mi cuerpo se estrelló contra la fina capa de alfombra que cubría el piso de cemento.

Mientras el entrenador me ponía hielo en la espalda, me acordé de mi oración. ¿Por qué Dios no me ayudó como le pedí?, me preguntaba.

El dolor era insoportable. Mi caída quizá me mantendría alejada de la gimnasia durante una buena temporada, pero sabía que me podía haber quedado paralítica si mi cabeza y mi cuello no hubieran aterrizado sobre la lona. Le di gracias a mi entrenador por el empujón que me había salvado.

Él me miró, perplejo. «Krissy», me dijo, «te soltaste de la barra con tanta rapidez que nadie tuvo tiempo de acercarse a ti».

ENCERRADO PARA MEDITAR

DOUG JENNINGS, BOCA RATÓN, FLORIDA

Tras siete años de matrimonio, había entablado un pleito de divorcio y me consideraba un hombre soltero. Por eso me sorprendí cuando mi esposa, Laura Lee, llegó conduciendo desde nuestra casa en Florida hasta Nueva York para verme jugar con los Rochester Red Wings, un equipo de las Ligas Menores de los Baltimore Orioles.

«¿Qué haces aquí?», le pregunté. «Ya lo nuestro se acabó».

Esa noche me fue imposible quitar de mi mente a Laura Lee. Pensé en lo felices que habíamos sido antes que surgieran los problemas.

«¿Estoy haciendo lo que debo, Señor?», le pregunté.

En un viaje por carretera, un compañero de equipo me presentó a una amiga y le pedí que saliera conmigo a tomar un café. Después de arreglarme en la habitación del motel, caminé hacia la puerta. Cuando giré la manivela de la puerta, sencillamente me quedé con ella en la mano.

Me dejé caer en la cama y llamé a recepción. Mientras esperaba a que me ayudaran, puse la radio y oí una canción que me resultaba muy conocida: ¡la canción con la que Laura Lee y yo bailamos en nuestra boda! Me acordé de cómo sostenía a Laura Lee entre mis brazos mientras bailábamos. ¡Ah, cuánto la extrañaba!

Un empleado del motel al fin apalancó la puerta. Llegué a mi cita, pero mi corazón aún estaba en esa habitación donde me quedé encerrado, así que hice que la cita fuera corta.

Cuando nuestro equipo regresó a Rochester, Laura Lee me esperaba. Comenzamos a hablar y en un par de días nos reconciliamos. Volví a mi hogar, donde pertenecía.

Supe que las cosas tenían que ser así porque, cuando el encargado abrió la puerta de la habitación de ese motel, dijo: «No encuentro ningún motivo para que no se abriese».

Quizá él no lo encontró, pero yo sí.

VISIÓN RESTAURADA

DON BELL, BYRON, WYOMING

Durante los últimos años mi visión se ha deteriorado. La única manera en que me desplazo es mirando con el rabillo del ojo. La mayoría de los días me parezco a un gallo cojo con su cabeza de medio lado, tropezando con los muebles de mi propia casa.

Entonces, en una noche del mes de abril de no hace mucho tiempo, algo golpeó con fuerza la puerta de mi casa y me despertó. Un joven dijo que había un incendio detrás de mi propiedad.

Con las prisas, tropecé con una mesa y me golpeé contra una lámpara. Mi esposa, Vera, salió a ver qué era todo ese jaleo. ¡El cobertizo para herramientas de nuestro vecino estaba en llamas! «Voy a llamar a los bomberos», dijo Vera, y yo salí corriendo.

Comencé a dar golpes en la puerta de los Jensen para despertarlos. El cobertizo estaba pegado a su garaje. No teníamos mucho tiempo; la fibra de vidrio que había junto al garaje comenzaba a derretirse debido al avance de las llamas. «Señor», dije, «mis vecinos me necesitan. Sé tú mi fuerza».

Abrimos las puertas del garaje de un empujón y pusimos el auto y el camión a salvo. Después sacamos máquinas de cortar césped y herramientas, y todo lo que pudimos agarrar con nuestras manos. Repasé lo que quedaba en el interior e intenté rescatar primero las cosas de más valor. Al fin oímos las sirenas.

Después que los bomberos extinguieron las llamas, mi vecino me dio las gracias. «Viste con claridad lo que había que hacer, Don», me dijo.

Cuando volví a casa tropecé con una silla al esforzarme por ver la taza de café caliente que Vera me había puesto delante. «Viste con claridad...», me dijo el vecino. Y en verdad así fue. Cuando más lo necesitaba, el Señor restauró mi visión.

UN AUTOBÚS A LA FUGA

SEGÚN LO ENVIÓ EVELYN MCKAY

Elmer Hambaugh nunca olvidará aquel fin de semana de Semana Santa poco después de convertirse en cristiano, en especial ese lunes por la mañana cuando los médicos llegaron para operarlo del pie.

El Viernes Santo por la mañana, pensando tomarse un corto descanso del trabajo, Elmer aparcó el autobús urbano que conducía para ganarse la vida delante de una comisaría de policía en las afueras de Cincinnati. Mientras charlaba en el interior, Elmer se quedó mudo de asombro al ver su autobús vacío que comenzaba a avanzar poco a poco colina abajo, directo a un cruce lleno de autos debido a que era la hora punta.

Comenzó a correr, orando: «Amado Dios, ¡detén ese autobús!».

En un absurdo esfuerzo heroico, Elmer se agarró a un cartel de publicidad que había en el lateral del vehículo e hincó sus talones, con lo que fue despedido contra el suelo y arrastrado por debajo del chasis, con un pie encajado entre una rueda trasera que seguía avanzando y el pavimento.

Entonces, sin motivo aparente, el autobús se detuvo.

Ahí estaba, aparcado a la perfección ante un paso de peatones, tras la línea blanca. Un trabajador de mantenimiento de la ciudad, un hombre que nunca había conducido un autobús, se apresuró a rescatar a Elmer y se las arregló para hacer retroceder el vehículo.

Los doctores en el hospital sacudieron sus cabezas al ver la carne lacerada de Elmer y el pie aplastado. Contando con que necesitaría un complicado injerto de piel, programaron una operación para el lunes por la mañana.

Durante todo el fin de semana Elmer oró y ayunó, estoico ante su propio dolor mientras se concentraba en el mayor tormento que sufrió Cristo. Y el lunes de Semana Santa escuchó las palabras de asombro de los doctores, palabras que hablaban de algo mucho más extraño que el hecho de que el autobús se detuviera de repente. «Su pie se sanó», dijeron. «No hace falta operar».

Misteriosos Forasteros

*Oye mi oración, oh Jehová [...] porque forastero soy para ti,
y advenedizo, como todos mis padres.*

ENTONCES DESAPARECIÓ

EUPHIE EALLONARDO, RANCHO PALOS VERDES, CALIFORNIA

Fue una imprudencia de mi parte dar un paseo antes del amanecer por entre la maraña de calles que había detrás de la terminal de autobuses de Los Ángeles. Sin embargo, yo era una chica joven que llegaba a la gran ciudad por primera vez. Faltaban cinco horas para mi entrevista de trabajo, ¡y estaba ansiosa por explorar!

Ahora estaba perdida en un vecindario de mala gente. Al oír pasar un auto me di la vuelta y, con el resplandor de la luz, vi tres hombres merodeando detrás de mí, que intentaban permanecer en las sombras para no ser vistos. Temblando de miedo, hice lo que siempre hago cuando necesito ayuda. Incliné mi cabeza y le pedí a Dios que me rescatara.

Cuando volví a alzar la cabeza, ¡un cuarto hombre se me acercaba a grandes pasos en la oscuridad! Amado Dios, pensé, estoy rodeada. Tenía tanto miedo que me tomó unos segundos el darme cuenta que incluso en la oscuridad podía ver a ese hombre. Iba vestido con una impecable camisa de trabajo y unos pantalones vaqueros, y llevaba una fiambrera. Tendría unos treinta años y mediría más de dos metros de altura. Su rostro era duro, pero hermoso.

Corrí hasta llegar al hombre.

—Estoy perdida y me siguen unos hombres —le dije desesperada—. Me alejé de la estación de autobuses para dar un paseo... tengo mucho miedo.

—Ven —me dijo—. Te llevaré a un lugar seguro.

Él era fuerte y me hizo sentir segura.

—Yo... no sé que hubiera pasado si usted no hubiera aparecido —le dije.

—Yo sí —su voz era resonante, profunda.

—Me puse a orar pidiendo ayuda justo antes que usted viniera.

Una sonrisa iluminó su boca y sus ojos. Estábamos cerca de la estación.

—Ahora estás a salvo.

—Muchísimas gracias —le dije con fervor.

—Adiós, Euphie —respondió él asintiendo.

Entrando en el vestíbulo, me di cuenta. ¡Euphie! ¿En verdad utilizó mi nombre? Me di vueltas enseguida y salí corriendo a la acera. Sin embargo, él había desaparecido.

SIN HUELLAS DETRÁS

M.M. MCINTOSCH, PASCAGOULA, MISSISSIPPI

Una brumosa lluvia caía sobre nuestro equipo de construcción mientras subíamos una montaña cerca de La Grande, Oregón. Nuestro trabajo era quitar piedras de una zanja de un conducto e instalar una línea de gas.

Como ayudante, limpiaba el barro de las piezas de la maquinaria pesada y luego las engrasaba. Aún me encontraba trabajando cuando los demás decidieron descansar para comer y se apartaron a un lugar a unos trescientos metros montaña abajo. «Reúnete con nosotros cuando puedas, Mac», gritaron.

Cuando terminé mi trabajo, estaba empapado y embarrado y lleno de grasa de pies a cabeza. Era imposible comer sin asearme primero. Miré a la zanja y vi que estaba llena de agua. Una forma fácil de lavarme, pensé. Salte al interior, creyendo que el agua me llegaría por las rodillas, pero en lugar de eso me hundí por completo. Y para empeorar las cosas, mis botas se hundieron en el barro hasta las canillas.

Tiré desesperado de una pierna y luego de la otra, lo cual solo sirvió para que me hundiera más. El barro me llegaba a la altura del pecho y el peso del agua me presionaba hacia abajo.

«Ah, Dios», oré, «por favor ayúdame».

Por último, ya no pude aguantar más la respiración. Exhalé y sentí cómo descendía mi cuerpo. La garganta me quemaba a medida que el agua y el barro entraban en mi interior. Después perdí el conocimiento.

Lo siguiente que recuerdo es que estaba tumbado boca abajo en la cuneta de la zanja, como si me hubieran puesto a salvo. Busqué a alguien del equipo, pero no había nadie allí. Tampoco había huellas en el barro, ni señales ni evidencia de que alguien me hubiera ayudado... excepto Él.

UN LABRADOR NEGRO EN EL PORTAL

RVDO. JOHN E. TRONCALE, FOREST, VIRGINIA

Mi primera tarea como ministro la llevé a cabo en una parroquia de un barrio pobre en el centro de Camden, Nueva Jersey. El tráfico de drogas y los crímenes violentos eran cosas que ocurrían a muy poca distancia de nuestro hogar, y tipos bruscos y peligrosos llamaban a nuestra puerta a todas horas del día y de la noche.

No mucho tiempo después de nuestra llegada, tuve que acudir a una conferencia de la iglesia en otra ciudad durante toda una semana. Me asustaba la idea de tener que dejar a mi esposa y mis tres hijos solos en nuestro nuevo vecindario. «Dios», oré, «cuida de ellos».

En el primer momento libre que tuve en la conferencia, llamé a casa para asegurarme de que todo marchaba bien. Mi esposa me aseguró que no había ningún problema y que nadie les había molestado. «Pero pasó algo», dijo. «Apenas habías salido por la puerta cuando un enorme perro labrador negro se acercó con paso lento hasta nuestro portal y se tumbó. Ahora no se quiere ir».

«No lo den de comer ni lo toquen», le dije. «Es probable que sea de alguno de nuestros vecinos. Regresará a su casa pronto».

Al día siguiente, cuando llamé, el perro aún no se había ido del portal. «Nunca nos molesta a los niños ni a mí, pero no deja que nadie se acerque a nuestra puerta», me dijo mi esposa, «¡ni siquiera el cartero!»

Al finalizar la conferencia, volví a casa y vi al gran perro negro sentado en nuestro portal. Se levantó cuando abrí la puerta del auto, con sus ojos adiestrados para vigilar cada uno de mis movimientos.

Cuando llegué a los escalones, dije con vacilación: «Hola muchacho, tengo que entrar en esta casa para estar con mi familia». Con eso, él se apartó a un lado.

Después de abrazar a mi esposa y a mis hijos, le pregunté qué deberíamos hacer con el perro. «No sé», dijo ella. «Tengo que admitir que me sentí segura por completo sabiendo que estaba ahí afuera vigilando».

Los dos miramos al portal y el perro se había ido. Salí y caminé alrededor de la manzana, echando un vistazo a todos los portales. ¡No había ni rastro del gran perro labrador! Fue como si se hubiera desaparecido de la faz de la tierra.

Y quizá lo hizo.

HUELLAS QUE SEGUIR

SANDY SELTZER, MINEOLA, NUEVA YORK

Dustin, mi perro guía de raza de California, estaba teniendo problemas fuera de mi apartamento en Long Island. Era la primera vez que veía una tormenta de nieve y se sentía confundido. Yo soy ciega y a mí tampoco me iba muy bien. No había nadie afuera, así que no había ningún ruido que me distrajera. Y contrario a lo que mucha gente piensa, los perros guía no trazan el camino a los ciegos. La persona ciega es la que dirige al perro.

Tras unos angustiosos cuarenta y cinco minutos, Dustin y yo al fin logramos regresar. Sin embargo, los perros guía deben caminar regularmente. «La próxima vez, ¿por qué no le pides a

Dios que vaya a pasear contigo?», me sugirió una amiga. Y así lo hice. «Señor, ven con Dustin y conmigo. El viento es muy fuerte y es difícil concentrarse en nuestra dirección. Guíanos».

La nieve golpeaba nuestras caras y era difícil abrirnos paso. Dustin gimoteó un poco. «Está bien, muchacho», le dije, «el Señor está con nosotros». Y entonces le di una orden que una persona ciega solo da cuando otra persona marca el camino: «Dustin, ¡sigue!».

Dustin se sintió mejor y, para asombro mío, comenzó a caminar como si supiera con exactitud hacia dónde ir. Llegamos a la calle y después nos dirigimos hacia nuestro edificio sin ningún problema.

Una joven se acercó con dificultad y se ofreció para llevarnos hasta nuestra puerta.

—Solo seguiremos las huellas —dijo ella—. Las suyas, las del perro y las de la otra persona.

—¿Qué otra persona?—le pregunté.

—Están las huellas del perro, sus huellas y las huellas mayores de otra persona. ¿No había otra persona con usted?

Me detuve un instante y luego respondí.

—Ah sí, había Alguien con nosotros.

Siempre lo está.

TRAGADOS POR LA NIEBLA

MARY PETTIT HOLMES, FOREST GROVE, OREGÓN

Tuve que quedarme hasta tarde esa noche en la unidad móvil de donación de sangre donde trabajo como enfermera con la Cruz Roja Americana. Cuando conseguí salir hacia mi auto, estaba oscuro y comenzaba a formarse niebla. Tenía una hora de camino en auto hasta nuestra pequeña ciudad, que está asentada cerca del pie de la cordillera de la costa.

El tráfico era fluido, lo cual era un alivio, porque la niebla era cada vez más espesa. Apenas divisaba la línea blanca del borde de la autopista y las farolas que la iluminan. Después giré para tomar el camino vecinal. Más de dieciséis kilómetros por una carretera estrecha, con muchas curvas, profundos baches y un arroyo a su lado.

«Ayúdame, Señor», oré. Hace poco en la iglesia estuvimos hablando sobre el uso de la imagen mental mientras oramos. Yo visualizaba a Jesús sentado junto a mí en el asiento del pasajero y derramé mis temores ante Él.

Casi pegada al volante, me quedé mirando con fijeza la espeluznante blancura. De repente, delante de mí vi las luces rojas de otro auto. Me acerqué con lentitud. Las luces rojas eran de un todoterreno naranja que remolcaba una grúa. Me sentí aliviada. No había duda de que al todoterreno lo remolcaban al garaje de Forest Grove. Si lo seguía, llegaría a casa.

Llegamos a la calle principal, pero pasamos el taller de reparación. La grúa siguió hacia delante. El vehículo la seguía. Después, para sorpresa mía, giró por la calle sin salida donde yo vivo. Con un suspiro de alivio, doblé por la entrada de nuestra casa, y luego salí enseguida para darle las gracias al conductor de la grúa que me guió hasta mi casa.

No había ningún conductor. No había grúa. No había dado la vuelta para salir de la calle sin salida. Me quedé de pie, mirando fijo la silenciosa niebla al final de nuestra carretera.

UNA LUZ TODOPODEROSA

MURIEL S. HURST, MARYVILLE, TENNESSEE

Mi hija Sandi y yo conducíamos de regreso a casa en Tennessee tras pasar el Día de Acción de Gracias con unos familiares en Detroit. A medida que nos aproximábamos a las montañas de Cumberland, nos encontramos con una cegadora tormenta de nieve. La radio alertaba de las peligrosas condiciones. Las líneas de teléfono se habían cortado. Nuestro auto era el único que se acercaba a las estribaciones.

Enderezándose en su asiento, Sandi agarró el volante con fuerza.

—Sigamos adelante. Papá nos espera —dijo ella.

Yo también estaba ansiosa por volver a casa.

—De acuerdo —asentí—, sigamos adelante.

Comenzamos a subir cuesta arriba. Yo me esforzaba por ver las señales que marcaban la serpenteante carretera, pero los limpiaparabrisas no daban abasto con tanta nieve.

—No veo —dijo Sandi.

Había tomado una terrible decisión. No podíamos dar la vuelta.

«Dios, por favor, guíanos», oramos en voz alta.

—¡Mira! —grité. Un resplandor de luz brillaba vagamente en la distancia, a unos veinte o treinta metros por delante.

—¡Sigue a ese vehículo!

La nieve cubría las señales de la carretera, pero la luz se movía con firmeza, como un faro. Pasó una hora y comenzamos a descender. La luz aminoró, y en cada curva e inclinación de la carretera, la distancia entre nosotros permanecía constante hasta que al fin pasamos la última curva. Miramos hacia delante. No había ningún otro vehículo en la carretera. Queríamos darle las gracias a nuestro guía.

—Debe estar por aquí —dijo Sandi, parando en un pequeño restaurante. Cuando entramos, los clientes se nos quedaron mirando.

—¿Cómo lograron cruzar la montaña? —nos preguntó la camarera—. Nadie ha cruzado desde hace horas.

La Luz todopoderosa nos guió.

Mi compañero de viaje

Dorothy Howard, Amherst, Massachussets

Conducía de vuelta a casa tras visitar a mi familia durante la Navidad. El tránsito en las dos direcciones de la carretera era lento, pero continuo. Una fina llovizna saturaba el aire frío; y a medida que descendía la temperatura, la autopista se hacía más resbaladiza.

De repente, mis ruedas patinaron y los frenos se bloquearon. ¡La baranda se acercaba muy rápido! En ese momento grité: «¡Dios mío, ayúdame!».

El impacto del golpe me sacó del asiento y perdí el conocimiento. Me desperté en el suelo en el asiento de atrás. Un hombre y su hijo estaban inclinados sobre mí.

—Pisó una placa de hielo —dijo el hombre—. Un policía lo vio todo y está pidiendo ayuda.

Asomándome por la ventanilla, me di cuenta que habían puesto mi auto en el carril contrario de la autopista y estaba aparcado a salvo en la hierba de la cuneta. «¿Cómo pude llegar hasta aquí?», me preguntaba. Antes de poder preguntar por lo ocurrido, otro auto pisó el mismo bloque de hielo y chocó contra la baranda, justo en el mismo sitio que yo. El hombre y su hijo corrieron para ayudar.

Cuando los camiones llegaron para echar arena en la carretera, el padre y su hijo volvieron con el policía.

—Por cierto —dijo el policía—, ¿qué le pasó a su acompañante?

—¿Qué acompañante? —le pregunté con una mirada perpleja.

—El hombre que condujo el auto hasta aquí —dijo el oficial—. Yo lo vi.

—Nosotros también lo vimos —dijo el padre—. Cruzó el carril de los autos que venían en esta dirección y aparcó aquí. Sin embargo, no salió nadie. Es más, tuvimos que romper una ventanilla para poder entrar.

No hubo ningún hombre en mi auto; pero Alguien estuvo conmigo.

LA GENTILEZA DE LOS EXTRANJEROS

CHERYL TOTH, MISHAWAKA, INDIANA

Nuestro auto se estropeó en medio de la parte oeste del desierto de Texas, a unos ochenta kilómetros de la ciudad más cercana. Mis hijos y yo intentamos hacer señas a fin de parar a alguien que nos ayudara, pero nadie se detuvo. Por último, me senté tras el volante y le pedí al Señor que nos ayudara.

Al rato, un pequeño Toyota azul se detuvo y una pareja de ancianos se bajó del auto. Para sorpresa mía, la mujer dijo:

—Estábamos en otra autopista y oímos en nuestras oraciones que alguien necesitaba nuestra ayuda.

El hombre dijo que era mecánico. Miró bajo el capó de mi auto y me dijo que por un mal funcionamiento del alternador, la batería se había descargado.

—Llevaremos a recargar la batería —me dijo. Nos dejaron algunos bocadillos para comer y una caja roja llena de valiosas herramientas para asegurarme que volverían.

Después de dos horas, regresaron con una batería nueva, que instaló el hombre. Después su esposa puso sus manos con amabilidad en mis mejillas y me dijo:

—Todos estarán bien, Cheryl.

Se volvió a mis dos hijos y añadió:

—Michael y Janet, sean buenos con su mamá. Procuren que llegue a casa en Indiana sin ningún percance.

Ambos se subieron a su auto y solo después de haber conducido un rato se me ocurrió pensarlo: Sabían mi nombre. Sabían los nombres de mis hijos. Sabían dónde íbamos. Sin embargo, nosotros no les dijimos ninguna de esas cosas.

El Siempre Presente Consolador

Y yo le pediré al Padre, y él les dará otro Consolador para que los acompañe siempre.

UN NOMBRE CON SIGNIFICADO

RHONDA VECERA NAYLOR, GRANBURY, TEXAS

Mi abuela paterna, que emigró a este país desde Checoslovaquia, murió cuando yo tenía dieciocho años. La extrañaba, sobre todo en los grandes acontecimientos de mi vida, como mi matrimonio y el nacimiento de mi primer niño.

A menudo me encontraba pensando en la acogedora cocina de la abuelita, donde me dejaba que la ayudara a hacer la masa para los pasteles mientras me entretenía contándome viejas historias de su juventud. Aunque sus mezcladas traducciones de frases checas al inglés a menudo eran escollos que salvar, siempre supe que la abuelita me quería.

Cuando tuvimos nuestra segunda hija, mi esposo, Ronny, decidió que no le gustaba el nombre que habíamos elegido hacía meses. Su drástico cambio me dejó desconcertada. ¡El día que iba a volver a casa del hospital aún no habíamos elegido el nombre! Me hubiera gustado que la abuela hubiera estado aquí.

«Dios», dije al final en oración, «ayúdanos a superar este escollo y a encontrar el nombre perfecto».

Llamamos a la niña Kinsey, un nombre que le gustaba a Ronny. Yo lo pasé un poco mal para acostumbrarme a ese nombre y a menudo, durante aquel primer año, me preguntaba muchas veces si alguna vez me acostumbraría. Entonces, un día recibimos una carta de mi mamá, la cual contenía el certificado de defunción del hermano de mi papá. Mamá había dibujado una flecha señalando el lugar en el que estaba escrito el nombre de soltera de mi abuela. Yo solo sabía su apellido checo: Komina. Entonces me quedé mirando sorprendida por completo la versión en inglés: Kinsey.

Ahora, cada día que veo la risueña cara de Kinsey, veo también un buen recordatorio del perdurable amor de mi abuela.

Palabras de consuelo

Nancy Bayless, San Diego, California

El primer día que mi esposo, Lynn, recibió la quimioterapia para su cáncer de huesos, me sentí abrumada por la tristeza. Vivimos en un barco, y aquella noche estaba preocupada por él y por todo el trabajo que ahora era responsabilidad mía.

A medianoche, mientras me preparaba para acostarme, me quedé sin toallitas de papel. En la oscuridad del camarote principal, encontré un paquete nuevo de dos rollos en un armario. Abrí el plástico y saqué uno de los rollos.

Siempre los compro blancos para que hagan juego con la decoración roja, blanca y azul que tengo. A la luz pude ver que ese rollo estaba lleno de flores rosas, ¡no era el indicado!

Y de algún modo, eso lo provocó. Me puse a llorar. «¡Señor, ni siquiera puedo comprar las toallas de papel adecuadas!», me quejé contra Dios, disfrutando de autocompasión. Me preguntaba: ¿Cómo barnizaré el barco? ¿Cómo mantendré a punto el motor? ¿Cómo lograré seguir adelante sin Lynn?

Al final, mis lágrimas se agotaron. Tomé el rollo de toallitas de papel y, mientras lo ponía en el portarrollos, me di cuenta que había algo escrito entre las flores rosas. Una de ellas decía: «La amistad es un regalo especial». Esas palabras me hicieron pensar en todos los amigos a los que podría acudir en cualquier momento.

Las siguientes palabras eran: «El amor es compartir». Pensé en los regalos que nos habían hecho: guisos, galletas, abrazos. Luego: «Ningún acto de amor, por pequeño que sea, es algo perdido», me recordó las llamadas telefónicas y otras muestras de cariño que recibíamos. Me sentí en paz.

A la mañana siguiente volví a abrir el armario. Dentro del plástico roto estaba el segundo rollo de toallitas de papel. Ese no estaba cubierto de flores... era blanco por completo.

CUANDO APARECEN CORAZONES

SUE MONK KIDD

Corazones. Mi mamá siempre tenía un sentimiento especial con los corazones. Cuando tuve la varicela de niña, recuerdo que me alentaba con sándwiches de crema de cacahuete con forma de corazón. Durante años bordó diseños de corazones en muñecas de Raggedy Ann para regalar. Los corazones eran su regalo de amor, sobre todo en los momentos difíciles.

Por eso, cuando mi sobrina Laura nació con un defecto físico importante y se debatía entre la vida y la muerte, no me sorprendió ver a mamá en la sala de espera, cosiendo en silencio un pequeño corazón en una muñeca de trapo. Sabía que mamá sufría. Incluso recuerdo que una vez dijo que no podía soportar el pensamiento de que se le muriese una nieta.

Aquel día oré por la pequeña Laura, pero también oré: «Por favor, Señor, sé también con mamá».

Pasaron las semanas sin que mejorase la salud de Laura, ni tampoco el estado de ánimo de mamá. Al final, mis padres decidieron visitar su finca del campo. Me imaginaba la pequeña casa gris asentada bajo el enorme y frondoso árbol, la pacana, y esperaba que allí mamá encontrara la paz que le faltaba.

Un día después sonó el teléfono. Era mamá. Me preguntó si recordaba de cómo, en junio, el árbol siempre vertía sus fibrosas semillas en forma de bellotas. Le dije que sí.

Entonces mamá dijo: «Tú sabes cuánto he necesitado sentir a Dios cerca. Pues bien, papá y yo estábamos a punto de barrer las bellotas del portal cuando miramos hacia abajo y yo me fijé en una bellota en particular. Imagina qué forma tenía».

Antes de que me dejara adivinarlo, mamá exclamó con gozo: «¡Tenía la perfecta forma de un corazón!».

UN DIMINUTO FLORERO

CHARLOTTE DOTY, VOLCANO, HAWAI

El día 3 de noviembre era mi cumpleaños. Mientras conducía montaña abajo hacia la iglesia episcopal Holy Apostles en Hilo aquella mañana de domingo, no pude evitar extrañar a mamá.

Habían pasado seis meses desde su muerte, y aquel sería el primer cumpleaños que tendría que celebrar sin ella: sin la torta que hacía siempre y sin la mesa que siempre decoraba con rosas amarillas.

Nuestra familia había vivido en Hawai durante cincuenta años, pero mi mamá, nacida en Texas, era siempre «la rosa amarilla de Texas», y su casa siempre estaba llena de aquella flor del continente.

En la iglesia me deslicé hasta uno de los bancos. «Extraño mucho a mamá», oraba arrodillada y con la cabeza entre las manos. No me atrevía a mirar las urnas llenas de flores sobre sus altos estantes de madera de koa. Lo único que podían hacer las brillantes orquídeas y anturios era desentonar con el apagado estado de ánimo que había en mi interior.

El primer himno hizo que me pusiera de pie a regañadientes. Y fue entonces cuando lo vi, no sobre los estantes donde se ponían siempre las flores, sino en el mismo altar: un diminuto florero. Y dentro del florero había una rosa amarilla.

Aquel fue el mejor regalo de cumpleaños que podría haber recibido: el recordatorio de que los que amamos nunca están lejos.

Al finalizar el culto, me apresuré a ver a la encargada del departamento floral para enterarme quién dejó aquella rosa sobre el altar, un lugar en el que nunca antes había visto flores. Ella estaba tan sorprendida como yo y me dijo que el pequeño florero ni siquiera pertenecía a la iglesia. Y aunque preguntamos a todos los miembros del departamento y a todas las demás personas que hubiesen podido llevar flores, nadie pudo explicar cómo llegó allí la rosa. Hasta el día de hoy yo no sé cómo fue... solo sé Quién fue.

UNA LLUVIA CONSOLADORA

SARA SNIPES, LAWRENCEVILLE, GEORGIA

Para Robert y para mí, la lluvia siempre venía enviada del cielo. Durante nuestro noviazgo no teníamos mucho dinero para entretenimientos; sin embargo, siempre disfrutábamos de caminar juntos, los días de lluvia en particular. Y el día de nuestra boda la lluvia no dejó de caer.

Durante los siguientes veintiún años de nuestro matrimonio, Robert a menudo contaba la historia de haberse detenido para echar gasolina en mi pequeña ciudad natal de Watkinsville de camino a nuestra boda. Como Robert era del sur de Georgia, nadie lo conocía. El dueño de la gasolinera se rió y le contó a

Robert acerca de algún pobre loco que iba a casarse aquel día de tanta lluvia. ¡Un pobre loco en realidad!

Para nuestra boda, Robert había hecho grabar una inscripción en la parte de dentro de mi anillo, pero no supe lo que puso hasta que me quité el anillo mientras él nos registraba en la suite donde pasaríamos nuestra luna de miel. Allí leí las palabras: *Porque caminaste conmigo en la lluvia.*

A lo largo de los años de crianza de los hijos, de la pérdida de nuestros padres, los cambios y las preocupaciones en el trabajo, no importaba cuál fuese el problema, nuestra fe en Dios permaneció firme. Siempre encontrábamos consuelo en su Palabra, tal como dice en Deuteronomio: «Mis palabras caerán sobre ustedes como suave lluvia» (LBD).

Entonces, una noche, Robert murió de repente de un ataque al corazón. Enseguida me rodearon mis familiares y amigos, pero cuando se marcharon, yo no quería irme a la cama. Me sentía muy sola. Salí afuera y me quedé en el portal de la casa. Era una noche silenciosa; el cielo estaba claro. Y entonces, solo durante unos extraordinarios segundos, llegó el sonido conocido, consolador y seguro de las gotas de lluvia que salpicaban el suelo delante de mí.

SE LLAMABA BAKHT SINGH

EDWARD A. ELLIOTT, WHEATON, ILLINOIS

Significaba un día menos en nuestras vacaciones, pero mi esposa y yo sentimos con fuerza que debíamos hacer el esfuerzo, mientras estábamos en Maine, de ir a ver al Dr. Reuben Larson, un misionero pionero de ochenta años de edad.

Durante nuestra visita, después del almuerzo y de forma bastante inesperada, Larson preguntó: «Ed, en todos tus viajes, ¿te has encontrado alguna vez con un indio llamado Bakht Singh?».

¡Qué extraordinario! Solo dos semanas antes, en una de sus visitas poco frecuentes a los Estados Unidos, Bakht Singh me había invitado a comer.

Le conté al Dr. Larson lo que sabía de Singh: que era uno de los líderes cristianos más conocidos de India y que había fundado cientos de iglesias y había predicado a miles de personas. Siempre que Singh viajaba, los creyentes se reunían en las estaciones de tren para hablar y orar con él durante unos pocos minutos.

Las cosas que le conté sobre aquel piadoso hombre surtieron un extraño efecto en el Dr. Larson. Literalmente, se quedó boquiabierto. Al final, explicó el porqué.

«Hace muchos años en el oeste de Canadá, conocí a un joven estudiante de ingeniería de la India que tenía interés en la fe cristiana. Se llamaba Bakht Singh. Durante cincuenta años he estado orando por él, orando para que llegase a conocer a Dios mejor y a servirlo. Siempre me preguntaba qué sería de él».

No mucho tiempo después de aquella visita, el Dr. Larson murió. Sin embargo, aun antes de que ocurriera, supe la razón de que hubiésemos utilizado aquel día de nuestras vacaciones para ir a verlo. Debíamos llevarle las noticias que había esperado escuchar durante cincuenta años.

UN CONCIERTO PARA SANAR

EUGENIA EASON, MEMPHIS, TENNESSEE

El 4 de julio de 1945, caminaba con tristeza por los pasillos del edificio de YMCA en Chicago. Había ido a la ciudad para someterme a una crucial operación de oído. El siguiente día sería el comienzo de cuatro días de preparación antes de la operación en el hospital de Saint Luke.

Como maestra de piano, estaba especialmente asustada por el resultado: la operación era tan nueva que había muy pocas personas que se habían sometido a ella. Sin ninguna amistad cerca, me sentía sola e inquieta. «Si solo me enviaras a alguien con quien hablar», oré a Dios.

Al pasar por el solario vi un piano, casi como si fuese el amigo que necesitaba. Me sentía atraída hacia el teclado. Me senté al piano y comencé a tocar. La música fluía como si tuviera espíritu propio, expresando mis sentimientos contenidos. Al fin terminé y me levanté para marcharme.

«¡Por favor, siga!», dijo una voz. Todo aquel tiempo, aunque no me había dado cuenta, una mujer había estado sentada en la lejana esquina de la habitación.

Nos presentamos la una a la otra y comenzamos a charlar. Ella también era una forastera en la ciudad y resultó ser que ella también había pasado por la misma operación a la que yo estaba a punto de someterme, ¡con «mi» médico y en «mi» hospital hacía justo un año! Fue la que me dio seguridad sobre la operación que en unos días resultaría ser un éxito.

Ella había escuchado mi música. No obstante, otra Persona escuchó mi oración.

ENCONTRADO EN EL LUGAR ADECUADO

PAUL HELLER, PLATTSBURGH, NUEVA YORK

Cuando me gradué en el seminario, adquirí una bonita capa académica, de casi un metro de largo, de color violeta, rojo, dorado y negro como significado del título obtenido. Como ministro presbiteriano, me la ponía encima de mi túnica negra en las ceremonias especiales, ordenaciones e investiduras.

Un día abrí mi armario y no estaba allí. No recordaba la última vez que me la puse ni dónde la dejé, pero enseguida oré para que no se hubiese perdido.

En aquel tiempo era pastor de una pequeña congregación en las colinas al oeste del Adirondack Forest Preserve de Nueva York. Entonces me extendieron la invitación para servir como ministro de una congregación mayor en un área más urbana a las orillas del lago Champlain. Después de un considerable tiempo de meditación, acepté el llamado; pero oré para tener seguridad de que mi decisión era la adecuada.

El personal y la congregación de la nueva iglesia me dieron una cálida bienvenida. Tenía muy buenos recuerdos de una visita que realicé allí ocho años antes para una ceremonia de investidura, pero solo cuando abrí la puerta del armario de mi nueva oficina supe que había hecho lo que debía al ir a aquella iglesia, esa vez para quedarme.

Allí encontré mi capa, esperándome, ya que había esperado con paciencia durante ocho años.

NINGÚN CIERVO A LA VISTA

BOB RAWLINS, DEMOTTE, INDIANA

Era una fría noche de invierno cuando mi esposa, mi hija y yo volvíamos a casa después de hacer compras. Estaba absorto en mis pensamientos porque acababa de aceptar un trabajo como director de un hogar para muchachos. En aquel momento mi decisión me preocupaba. ¿Tomé la decisión adecuada al aceptar el puesto?

Conducía con prudencia porque no era algo común cruzarse con ciervos en la autopista en esa parte de Indiana. Así fue.

«Señor», dije en voz alta, «si me amas, permite que esta noche vea un ciervo».

«Ah, tú sabes que el Señor te ama», dijo mi esposa.

«Sí», respondí, «pero necesito una muestra de que sigo su voluntad».

Mis sentidos y mi visión se acrecentaron mientras conducía, pero nada apareció, ni siquiera un viejo gato de granja. Sintiéndome desanimado, giré dirigiéndome al camino de entrada a nuestra casa y luego entré al garaje. Nada. Ningún ciervo a la vista.

Mientras Jackie y Susannah llevaban los paquetes al interior de la casa, yo caminé con dificultad hasta el buzón del correo. Saqué un puñado de cartas y regresé hacia la puerta de entrada a la vez que hojeaba distraídamente el correo. Una factura, otra factura, una carta para levantar fondos, dos tarjetas de Navidad y luego una tercera. Me detuve. En la tercera tarjeta, brillando bajo la luz del portal, había un sello; y en el sello había, de modo inconfundible, un ciervo.

En ese momento supe que había tomado la mejor decisión. Vi el ciervo de Dios. Sentí el amor de Dios.

EL NOMBRE EN EL BANCO

IRMA LEVESQUE, NUEVA YORK, NUEVA YORK

Crecí en el rural New Hampshire, siendo la mayor de las hijas en una familia de seis hijos. En nuestro caótico hogar, encontraba refugio en los juegos de fantasía, fingiendo ser una hermosa muchacha que se llamaba «Juana Bishop» (Juana por Juana de Arco, y Bishop por la traducción al inglés de mi apellido francés). Nunca le conté a ninguna otra persona nada de Juana Bishop. Era un secreto entre Dios y yo.

Las niñas crecen, sin embargo, y llegó el día en que le dije adiós a Juana Bishop... y a Dios. Me fui a vivir a Nueva York, me enredé en una feroz línea competitiva en el trabajo, y poco a poco mi vida personal se iba quedando cada vez más en soledad. Llegó el momento en que sabía que quería regresar a Dios, pero vacilaba. ¿Me daría Él la bienvenida si regresaba?

Un domingo en la mañana, ya no podía quedarme lejos por más tiempo. Acudí a una iglesia cercana: Grace Church. Caminé por el pasillo del lado norte, pasando por los viejos bancos, cada uno de ellos con su propia puerta, que llegaba a la altura de la cadera, y diminutos nombres en placas de bronce: reliquias del siglo pasado, cuando los feligreses compraban sus asientos. Escogí un banco vacío y cerré la puerta tras de mí.

«Dios, por favor», comencé a orar, «estoy sola y asustada. ¿Estás aquí? ¿Es este el lugar para mí? ¿Me aceptarán todas estas personas?» Quería tener la seguridad, de parte de Dios, de que debía quedarme en esa iglesia, pero no parecía obtener ninguna. De repente, sentí un fuerte impulso de marcharme.

Tomando de prisa mi abrigo y mi bufanda, abrí la puerta del banco y salí al pasillo. Cuando me volví para cerrar la vieja puerta, mis ojos se sintieron atraídos a mirar la diminuta placa de bronce. La placa decía: J. Bishop.

Regresé a mi asiento. Volvía a estar en casa.

UNA LECCIÓN QUE SIEMPRE LLEVARÉ CONMIGO

TIM RICH, DULUTH, MINNESOTA

Siendo alumno de último año del curso preparatorio de medicina en la universidad de Minnesota en Duluth, vivía muy cerca de una clínica. Bajo la supervisión de un médico, tenía la responsabilidad de varios pacientes allí. En una ocasión, bien avanzada la tarde de ese día, salí a dar un paseo para estirar las piernas, y al pasar por delante de la clínica pensé en Zita.

Era uno de los casos más difíciles que tenía. Permanecía en estado comatoso, nunca pronunciaba ni una sola palabra y nunca se movía. Siempre que la visitaba, agarraba su mano y le hablaba, pero ella nunca había reaccionado. En las clases llamábamos a ese estado «insensible». «Dios, ¿sirve de algo lo que hago?, me preguntaba».

Sin embargo, aquella noche tuve una extraña sensación, y supe que tenía que comprobar el estado de Zita. Me permití entrar por la puerta principal y caminé por el pasillo hasta llegar a su habitación.

Al echar un vistazo al cuadro con su informe, me preguntaba el porqué habría acudido. De repente, una voz dijo:

—Tim, me alegro de que viniera.

¡Era Zita! Se incorporó sobre uno de sus codos.

—Quería darle las gracias. Ha sido usted un médico maravilloso.

Yo le di unas palmaditas en su mano.

—Regresaré enseguida —prometí, y me apresuré a buscar a una enfermera.

—¡Zita responde! —dije.

La enfermera me miró con incredulidad y ambos nos dirigimos a la habitación de Zita. Había vuelto a su posición habitual, con los ojos cerrados. Palpé el lado de su cuello. Su pulso era débil, entonces se fue.

Aun así, ella me había enseñado una lección que llevaré conmigo a lo largo de toda mi carrera como médico: la compasión es una poderosa medicina.

MI LLAMADA DE AVISO

MARILYN TEETS, SPOKANE, WASHINGTON

«Este tiene que ser el peor día de mi vida», me quejaba. Era la administradora de una comunidad de jubilados bastante grande en Spokane, y cada una de las horas en el trabajo parecía traer consigo otra crisis. Tenía que solucionar el pago de mi personal y las diferencias en el calendario. Se estaba instalando una nueva alcantarilla. A mí me acababan de comunicar que quizá iba a necesitar una operación de espalda. Y para colmo, mi hija Teresa acababa de casarse y se había ido a vivir a otro lugar. La extrañaba muchísimo.

«Nada está saliendo bien. No logro manejar la situación», le dije a Dios de forma rotunda a la vez que me metía en el auto y me dirigía a una cena. En la autopista vi autos de policía y escuché sus sirenas. ¿Y ahora qué? Había habido un accidente y estaba atrapada en un atasco. Llegaría tarde a la reunión.

Saqué mi nuevo teléfono celular para llamar a mi mamá. Quizá ella pudiese buscar el número de teléfono del restaurante y avisar que yo llegaría tarde. Sin embargo, no fue mi mamá la que respondió; ¡fue Teresa!

—Mamá, me alegro mucho de que hayas llamado —dijo—. Tu llamada es la primera que recibimos desde que instalamos la línea telefónica.

—Pero Teresa, yo no te he llamado —le dije—. Ni siquiera sé cuál es tu nuevo número.

—¿De verdad? De todas formas me alegro de que estemos hablando —siguió diciendo emocionada—. ¡Vas a ser abuela!

De repente, estaba muy claro lo bendecida que era. Con la ayuda de Dios, podía manejar cualquier cosa que apareciese en mi camino: solo necesitaba una llamada de atención que me empujase y me sacase de mi autocompasión... y Él marcó el número.

SOSTENIDA POR LAS PALABRAS

MARGARET MURRAY, BIG STONE GAP, VIRGINIA

En septiembre de 1983, al tío Wilson, el único hermano de mi mamá, lo sometieron a una operación debido a un tumor intestinal. Los médicos, al descubrir un tumor que era demasiado grande y complejo para extirparlo, le dieron de cuatro a seis meses de vida. Llevaron al tío Wilson a su casa para que pasase allí el tiempo que le quedaba. No teniendo esposa que se ocupase de él, esa tarea recayó sobre mi mamá, sus dos hermanas y nosotros, sus sobrinas y sobrinos.

Todos trabajamos mucho para hacer que el tío Wilson se sintiera cómodo, pero él estaba postrado en cama, indefenso y con muchos dolores. Día tras día nos ocupábamos de sus necesidades e intentábamos apaciguar sus temores. Y cada noche, antes de irme a la cama, me arrodillaba y le pedía a Dios que sanase a aquel hombre bueno y amable.

En julio de 1984, después de diez meses difíciles, el tío Wilson comenzó a empeorar. Me llamaron y me dijeron que fuese de inmediato. Me quedé de pie al lado de su cama, esperando que llegase la ambulancia. Aun en medio de su dolor, el tío Wilson intentaba comunicar su amor y su gratitud besando mi mano.

Para aquel entonces ya no oraba por su sanidad, sino solo pedía a Dios que se llevara a mi tío con Él. Y entonces, temprano en la mañana de su tercer día de estancia en el hospital, mi hermana y yo estábamos con él cuando, de repente, el tío Wilson abrió los ojos y gritó en voz alta y clara: «¡Dios mío! ¡Dios mío! ¡Dios mío!». Mi hermana y yo nos quedamos perplejas.

El tío Wilson murió poco después, pero a mi familia la sostuvieron sus palabras. Mi tío, ya ven, era sordo y mudo de nacimiento. Esas palabras fueron las primeras que pronunció en toda su vida.

MÚSICA CELESTIAL

MARIAN THOMSON SCHEIRMAN, OVERLAND PARK, KANSAS

Cuando visitaba a mis padres en el centro de jubilados que estaba a una hora en auto, mamá siempre me hacía tocar el piano. Bajábamos las escaleras hasta la capilla y yo daba un pequeño concierto privado en el piano de media cola. Para mi papá, tocaba himnos. Para mamá, tocaba piezas clásicas, incluyendo siempre su favorita: El «Para Elisa» de Beethoven.

Después de cumplir noventa años, mamá perdió su vitalidad. Un día, cuando fui a visitarlos bien entrada la tarde, mamá descansaba sobre su cama, llevando puesto su vestido de cachemira verde. «Me vas a tocar el «Para Elisa», ¿verdad?», preguntó. Sin embargo, no estaba lo bastante fuerte para bajar las escaleras, y la sala de actividades más cercana donde había un piano vertical estaba cerrada.

«Regresaré mañana y tocaré para ti», le prometí. Poco después me marché. Esa noche, mamá murió mientras dormía.

La tarde después de su funeral me fui a mi sala de estar, donde me senté al piano y toqué «Para Elisa». «Querido Señor», pensé, «no llegué a tocarlo para mamá». Se me partía el corazón al pensar que mamá nunca más volvería a escuchar su música favorita.

En aquel mismo momento sonó el teléfono. Al principio, la línea estaba en silencio. Luego llegó una serie de notas musicales... un sonido agudo, rápido y mecánico, pero no como las de una caja de música ni de un teléfono digital.

Entonces me di cuenta de lo que eran esas notas. A través del receptor del teléfono llegaron los primeros compases del «Para Elisa» de Beethoven. Y yo supe que Dios me recordaba que en el lugar que estaba mi mamá, la música era celestial.

AMOR POR LAS MARGARITAS

HAVEN CONNER, CHATTANOOGA, TENNESSEE

Nunca veo una margarita sin pensar en Bárbara. Ambas pertenecíamos a la misma hermandad en el instituto. Después de su compromiso, buscamos un diseño para la plata: con margaritas. Yo fui su dama de honor y llevé las mismas flores amarillas y blancas al caminar por el pasillo, y había margaritas por todas partes en la recepción.

Bárbara y yo hablábamos todos los días, pero entonces ocurrió algo terrible. Permití que una disputa entre nuestros esposos abriese una brecha entre nosotras. Dejamos de hablar con regularidad y de celebrar los cumpleaños juntas. De repente, dejamos de ser amigas. Seguía posponiendo llamarla para arreglar las cosas entre nosotras, pero siempre lo lamentaba. Entonces me enteré de la muerte de Bárbara, a los treinta y ocho años de edad.

Me atormentaba por lo que se quedó sin decir. Una tarde me desplomé en una silla de mi jardín, donde habíamos celebrado la recepción de boda de Bárbara. «Ah, Dios», oré, «nunca me perdonaré no haberle dicho a Bárbara cuánto lo siento y lo mucho que la quería».

«Díselo ahora», parecía decirme Dios.

Yo derramé mi corazón, como acostumbrábamos a hacerlo. «Tú eras la mejor amiga que he tenido jamás», dije. «Lo siento mucho».

De alguna manera, sentí que Bárbara me había escuchado. Me levanté, corté algunas ramas rebeldes e incluso corté la hierba. Aquella noche me fui a la cama con menos carga en mi corazón. Lo único que deseaba era haber podido acercarme a Bárbara cuando aún podía responder.

A la mañana siguiente, en un rincón del jardín, brotando entre la hierba recién cortada, había un inesperado ramo: una planta de unos treinta centímetros de altura de margaritas amarillas y blancas.

SUS ÚLTIMAS PALABRAS

FAYE FIELD, LONGVIEW, TEXAS

El 9 de diciembre de 1991 tuve un extraño sueño. Estaba de pie y sola en un pequeño auditorio. Desde la parte de atrás del escenario se escuchó una voz conocida: un joven que recitaba algo que no lograba descifrar. Entonces, dijo con toda claridad: «Sí, aunque ande en valle de sombra de muerte...». ¡Reconocí de inmediato el Salmo 23! «No temeré mal alguno; porque tú estarás conmigo...».

De repente, la voz se detuvo y yo me desperté. Eran las dos de la mañana.

Me di cuenta que la voz en mi sueño era la de un antiguo alumno, el hijo de mi hermana, Samuel C. Washam. El auditorio estaba en la escuela rural donde fui su maestra. Él tenía una buena voz y varias veces había salido desde detrás del telón en obras de teatro que había dirigido. Le había enseñado varias recitaciones, pero el Salmo 23 era una de sus favoritas.

Desde entonces, había orado muchas veces por mi sobrino, que ahora era una persona adulta, tenía una enfermedad terminal y estaba solo. Él tenía miedo y parecía haber perdido su caminar con Dios. Yo le había pedido al Señor que permitiera que Samuel supiera que las personas que están abatidas son muy importantes para Él. Y volví a caer en un intermitente sueño con esa misma oración en mis labios.

El teléfono me despertó temprano. Era mi hermana y me decía que su hijo había muerto. Yo le pregunté: «¿Cuándo?».

«A las dos de la mañana», me respondió.

Pensé en las últimas palabras que Samuel dijo en mi sueño: «Porque tú estarás conmigo». Y supe que él había vuelto a encontrar el camino.

Un impulso inconfundible

Marion Bond West, Watkinsville, Georgia

Cuando me casé con Gene después de la muerte de nuestros respectivos cónyuges, lo que más quería era ser una buena esposa de un ministro. Su primera esposa, Phyllis, fue perfecta en esa tarea.

Durante veinticinco años fue la organista de la iglesia, organizaba grupos de mujeres, enseñaba en clases de Biblia, aconsejaba, planeaba reuniones sociales de la iglesia y cocinaba platos maravillosos. Era siempre paciente, amorosa, daba apoyo y era leal. Incluso llegó a invitar a toda la congregación a su casa para tener compañerismo.

Mi mayor reto llegó cuando Gene aceptó un pastorado provisional en Perry, Oklahoma. Cuando nos dirigíamos hacia allí, yo batallaba con silenciosos sentimientos de profunda insuficiencia.

Esa mañana de verano, salíamos de un motel en Jackson, Tennessee, después de visitar a la familia en Georgia. Gene estaba preocupado con cargar el auto y planificar nuestro viaje. Yo tomé la Biblia de los Gedeones mientras esperaba que él terminara y oraba para que Dios nos guiase.

«Vámonos», anunció al fin Gene con las maletas en las manos. Cuando fui a poner otra vez la Biblia sobre la mesa, recibí un impulso inconfundible: *Déjala sobre la cama deshecha... y déjala abierta*. Yo nunca antes había hecho algo así. Sin embargo, sentí que estaba bien, que era algo incluso familiar.

Salí de la habitación del motel cargando algo de equipaje de mano por delante de Gene. Cuando Gene me alcanzó, quedé sorprendida al ver lágrimas en sus ojos. Estaba tan conmovido que no podía hablar. Ambos nos sentamos en silencio en el auto durante un momento y entonces dijo: «Eso es algo que Phyllis hacía en todos los moteles donde nos quedábamos: un testimonio para cualquier persona que limpiase la habitación».

Al dirigirnos hacia el oeste por la autopista interestatal 40, yo me sentí un poquito como la esposa de un ministro.

LA HIJA DE LILLIAN LAYTON

MYRTLE «COOKIE» POTTER, SAN MATEO, CALIFORNIA

El ministro se me acercó después del culto. «Vamos a ponernos en contacto con las personas que no han estado viniendo durante un tiempo para asegurarnos que están bien, y decirles que les extrañamos. ¿Quiere ayudarnos?»

Era el décimo aniversario de la muerte de mi mamá, y hacer visitas a gente extraña era lo último que quería hacer. «Hoy no», dije, «lo siento». Al salir de la iglesia, oré: «Señor, daría cualquier cosa para sentir a mamá cerca otra vez».

Durante años después que muriera mi mamá, me reunía con amigas para charlar y reírnos recordando la alegría de mamá, sus fiestas y la forma en que sacaba tiempo para visitar a las personas confinadas en sus casas.

La palabra *visitar* me remordía la conciencia. Volví a ver al ministro y le dije: «Ayudaré, de todas formas». Y él me entregó un nombre y una dirección.

Cuando fui a la casa, una mujer salió a la puerta.

—Estoy aquí para ver a Cora Heinecke —dije, presentándome.

—Cora está en la cama —respondió la mujer—. Es que tiene cien años de edad. Aun así, le encanta tener compañía.

Me llevó hasta un oscuro dormitorio, levantó las persianas y le dijo a Cora:

—Tiene usted visita. La señora Potter pertenece a la iglesia.

Cora se incorporó.

—¿La hija de Lillian Layton? —preguntó ella— ¡Qué bendición!

Yo la miré, sin dar crédito. ¡Resultó que Cora había sido una buena amiga de mi mamá! Durante más de una hora estuvimos hablando sobre mi mamá.

Fue un descubrimiento que no he olvidado nunca: cuando me acerqué a los demás, mi mamá se acercó más a mí.

MARAVILLAS GLORIOSAS

Clamaré a ti, cuando mi corazón desmayare.
Llévame a la roca que es más alta que yo.

LIBÉRAME

LLOYD B. WILHIDE, KEYMAR, MARYLAND

«Pidan, y se les dará», dijo Jesús. Siempre lo he creído, pero nunca tanto como el día del accidente en 1978.

Por aquel entonces tenía setenta y cinco años. Había que cortar la hierba en nuestra granja de productos lácteos de cuarenta y nueve hectáreas, así que amarré unas cuchillas de segadora a mi tractor y puse manos a la obra. Para tener tracción añadida por nuestro desigual terreno, llené las ruedas traseras del tractor con doscientos veintisiete kilos de fluido. Un peso de noventa kilos colgaba de cada uno de los ejes.

Cuando terminé el trabajo, estaba en una ligera cuesta cerca de nuestro gallinero. Apagué el motor y me bajé del alto asiento del inmenso tractor. Estaba desatando las cuchillas segadoras cuando el tractor comenzó a moverse hacia atrás.

Intenté darme la vuelta y saltar sobre el asiento, pero no lo logré. La barra del tractor me golpeó en las rodillas y me hizo caer de bruces, y la rueda libre, de trescientos dieciocho kilos de peso, rodó por mi pecho y se detuvo sobre él. Luchaba por respirar. El dolor era atroz. Sabía que me enfrentaba a la muerte e hice mi petición.

«Por favor, Dios», supliqué, «libérame».

En ese momento el tractor se movió. Suficiente para liberar mi pecho y, para mi asombro, ¡se movió cuesta arriba!

Mi perro, y después uno de los granjeros, me encontraron; y tras doce días en el hospital con seis costillas rotas y dos fracturas, estaba de vuelta en casa, hablando con el policía de Maryland encargado de investigar el accidente. «No trataré de darle una explicación oficial», me dijo, «ya que ni una docena de hombres bastarían para mover ese tractor y quitárselo de encima».

Doce hombres o cientos de docenas de hombres, no importaba. Lo que importaba era pedir la ayuda de Dios.

RESCATE POR RADIO

THOMAS COVERDALE, YONKERS, NUEVA YORK

Vietnam, 14 de diciembre de 1967: justo antes de la primera Ofensiva en el Año Nuevo vietnamita. Estaba con la Compañía Charlie, Primer Batallón, 25 División Lightning, cerca de Saigón. En la tarde, un escuadrón de la muerte del Vietcong nos atacó, dejando diez muertos tras de sí. A la caída del sol, sintiéndome nervioso, salí a patrullar. Gribbit, Vigor y yo establecimos un punto de escucha a unos quinientos metros del campamento. A la una de la tarde, informaba: «Aquí Charlie, L.P. Uno. Muchos movimientos por aquí».

La radio parloteó: «¡Agáchense! Vamos a abrir fuego».

Nuestros muchachos empezaron a lanzar cohetes a la maleza; el enemigo comenzó su propia cortina de fuego. Estábamos atrapados. «¡Ah, Dios! ¡Sácanos de aquí... por favor!», oré a la vez que masticaba el polvo del terreno.

Hubo un ruido sordo, como si alguien me golpeara la espalda. Explotó una granada y sentí que me corría la sangre por la espalda. «Nos alcanzaron», dije por radio, «¡vamos a salir!» A pesar de nuestras heridas, gateamos en la oscuridad atravesando un campo de minas y balas de afilados alambres. Caímos en brazos de los médicos que se aproximaban.

Tres semanas después, cuando los tres salimos del hospital y estábamos de vuelta en el campamento, el sargento de mi pelotón me envió llamar.

—Coverdale, ¿cómo se las arreglaron para comunicarles a los médicos que los habían alcanzado?

—Por radio, señor —respondí sorprendido de que me lo preguntara.

—No con esta, soldado —contestó a la vez que sujetaba una retorcida y ennegrecida caja. Era la radio que había llevado sobre la espalda. Soportó la explosión de la granada, salvándome quizá la vida. Y al hacerlo, las baterías, el cristal, y cada uno de sus componentes, se destruyeron.

¿Cómo recibieron los médicos mi SOS? No lo sé. Pero Dios sí lo sabe.

UN VALIOSO SUEÑO

MARY LAMAGNA ROCCO, BARNESBORO, PENSILVANIA

Supongo que ninguno de nosotros conoce el significado de los sueños. Aun así, lo que sí conozco es lo que pueden hacer las oraciones.

Trabajaba en el turno de tres a siete en el Hospital Miners en Spangler, Pensilvania, cuando un paciente al que estaba dando de comer me preguntó: «¿Por qué no lleva puesto un pequeño alfiler como las demás enfermeras?».

«Lo llevo», dije yo, mostrando el alfiler dorado y con las letras E.R. en forma de guirnalda que llevaba prendido en el cuello de mi uniforme: una de las posesiones de la que más orgullosa me sentía. Me lo entregaron cuando me gradué en la facultad de enfermería en Latona, y significaba años de duro trabajo y estudio. Pero entonces, cuando miré hacia abajo, no estaba el pasador.

Sabía que me lo había prendido en mi uniforme justo antes de salir de casa. Lo busqué por todas partes. Una compañera y yo buscamos entre todas las ropas y demás equipos, pero no encontramos nada. Yo incluso agarré una escoba y la pasé por debajo de las camas. En mi casa, puse todo patas abajo: ni rastro del alfiler. Era obvio que podía reemplazarlo, pero un sustituto nunca significaría tanto. Esa noche, cuando estaba metida en la cama, oré para que el Señor me ayudara a encontrarlo.

Enseguida me dormí, y en lo profundo de la noche tuve un sueño. Soñé que me levantaba de la cama, me ponía la bata y las zapatillas, corría escaleras abajo y salía por la puerta hasta un charco de agua que había delante de la casa. Y en ese charco estaba mi alfiler.

A la mañana siguiente, me desperté decepcionada. «Solo fue un sueño sin sentido», musité. Con todo, a medida que mi mente se iba aclarando, me pareció oír una voz que decía: «No, es más que un sueño. Ve a mirar».

Me puse la bata y las zapatillas y salí al camino que había delante de nuestra casa y allí encontré un charco de agua. Metí mi mano en esa agua color marrón y en un instante sostenía en ella una oración contestada.

UNA FORTUITA LLAMADA TELEFÓNICA

MARY ANNE HULFORD, STRATFORD, CONNECTICUT

Trabajo para un gran hospital de la comunidad, trasladando pacientes a hogares de reposo. De todos mis pacientes, la más difícil de trasladar fue Irene Manion.

Ninguno de los asistentes sociales la conocía. Nadie de ninguna iglesia preguntó por ella. No tenía familiares, ni visitantes y, al parecer, ningún amigo. Y necesitaba mucho cuidado médico.

Durante meses hice cientos de llamadas telefónicas a clínicas, intentando que la admitieran. Nadie quería aceptarla. Llegué a obsesionarme por encontrar un lugar para Irene. Cuando oraba a Dios cada mañana antes de ir a trabajar, mencionaba el nombre de Irene Manion.

Un día, después que fracasara un acuerdo que parecía esperanzador, simplemente me senté en mi escritorio y lloré. Mirando fijo los muchos documentos ya desgastados de Irene, dije: «Dios, te entrego a Irene. Por favor, llévala al lugar en el que le proporcionen el mejor de los cuidados». En verdad, me daba por vencida.

Unos pocos minutos después, volví a llamar por teléfono a un hogar al que había llamado muchísimas veces antes. La persona encargada de las admisiones no estaba y entonces, antes de que pudiera darme cuenta, la operadora me pasó a un teléfono de uno de los pasillos. Una enfermera del turno de la tarde respondió y, en mi frustración, le conté mis problemas.

—¿Cuál es el nombre de la paciente? —preguntó la enfermera.

—Irene Manion —le dije.

Para sorpresa mía, la enfermera dijo:

—Envíela aquí por la mañana. Yo me encargaré de todo y ella tendrá el mejor de los cuidados.

Entonces la enfermera me contó cómo, cuando murió su mamá, una vecina la crió, una mujer a la que llamaba «mamá». Ahora, después de doce años de averiguaciones desesperadas por esa mujer, su búsqueda había terminado.

Irene Manion era su querida «mamá».

EL NOMBRE EN EL BUZÓN DEL CORREO

VIRGINIA COTTRELL, DURANT, OKLAHOMA

«Sé valiente porque poderosas fuerzas vendrán en tu ayuda». Ese es un adagio en el que he creído durante mucho tiempo. Sin embargo, hubo un momento en mi vida que me condujo a creer que si alguna vez te encuentras batallando, misteriosas fuerzas vendrán en tu ayuda.

En aquel entonces, cuando mi familia luchaba, yo buscaba trabajo en el departamento de Servicios Humanos de Oklahoma. Ese era un movimiento muy osado, ya que yo no tenía diploma por haber dejado la facultad para casarme. Aun así, al final pasé las pruebas y obtuve el trabajo.

Mi tarea era localizar y ayudar a familias necesitadas, y a menudo era difícil hallarlas. Aquel día en particular de hace diez años, había oído de una familia necesitada (sin padre, con poco dinero y comida, una madre asustada e hijos) que vivía cerca del lago Texoma. Aquel era un lugar peligroso, pero yo sentía que era mi obligación encontrarlos. Conduje durante toda la mañana con poca cosa que me guiara, pues en esa zona de gente loca por las armas uno no podía simplemente llamar a cualquier puerta para preguntar.

Por último, al llegar la tarde, detuve mi auto a la sombra de un álamo y comencé a orar, pidiendo a Dios que me guiara. Entonces volví a mirar al carril por el que había circulado de arriba abajo dos veces y allí había un solitario buzón de correo que tenía escrito en forma llamativa el nombre de la familia.

Mi visita transcurrió bien; ayudaríamos a esa familia con comida y ropa. Cuando me disponía a irme, la agradecida madre se sorprendió de que hubiera encontrado su casa. «No fue difícil», dije, «una vez que vi su nombre en el buzón de correo».

«¿Mi nombre?», me dijo la mujer, obviamente perpleja.

Y al volver a la carretera, examiné de nuevo el buzón de correo. No había nombre. Ningún nombre.

UN LETRERO SALVADOR

DOROTHY NICHOLAS, ASHEBORO, CAROLINA DEL NORTE

Estábamos sentados a la mesa en nuestra casa de Florida hablando con nuestros vecinos. Esta joven pareja nos había ayudado mucho durante el año anterior, después de mi derrame cerebral y la herida en la pierna de mi esposo.

Sin esperarlo, el esposo comenzó a contarnos la historia de su agitado pasado. A los dieciséis años de edad, se juntó con malas compañías en su ciudad natal de Greenwood, Carolina del Sur, y pasó un año en un reformatorio. Cuando salió de allí, sus intenciones eran buenas, pero debido a su historial, no pudo encontrar trabajo.

Se desesperó y decidió robar una estación de servicio local para conseguir el dinero suficiente para salir del estado. Robó el auto y el revólver de su padre, y justo antes de la hora de cerrar, condujo hasta la ventana de servicio de una gasolinera. Estaba a punto de demandar a la encargada que le entregara todo el dinero.

«En ese preciso momento», nos explicó, «levanté la mirada y vi el letrero que había por encima de mi cabeza. Decía: "Dios es nuestro guardia de seguridad; siempre está de servicio". Y supe que no podía robar en aquel lugar. Entonces me fui enseguida a casa y oré toda la noche. Estaba decidido a enmendar mi vida y, con la ayuda de Dios, así lo hice».

Cuando terminó, miré a mi esposo. Ambos recordábamos una noche, trece años atrás, en la que yo estaba sentada a la mesa de nuestra cocina en la misma ciudad de Greenwood, Carolina del Sur, intentando hacer un letrero para nuestro negocio. Había garabateado algunas palabras. Entonces al fin se me ocurrió: el eslogan que mi esposo puso en el letrero que estaba en el techo de la pequeña estación de servicio que dirigíamos:

Dios es nuestro guardia de seguridad; siempre está de servicio.

SU GRITO DE GLORIA

JEANNE M. DAMS, SOUTH BEND, INDIANA

El capellán del hospital estaba sentado al lado de la cama de la mujer moribunda en el pabellón del hospicio. Sabía poco de ella, excepto que su fin estaba cerca. Había luchado con valentía, pero después de su última operación los médicos dijeron que había muy poco que pudieran hacer. Ahora estaba inconsciente, y aunque no podía hablar con ella, intentó encontrar las palabras adecuadas para orar.

Su cama estaba levantada hacia delante, y ella estaba medio sentada para que le fuese más fácil respirar mediante un tubo que tenía en la garganta. Respiraba con dificultad y lentitud, pero su ritmo era constante. En el pabellón, el capellán se sentía cansado y cerró sus ojos durante un minuto.

De repente, se despertó sobresaltado por un agudo grito procedente de la cama. La mujer estaba incorporada por completo. «¡Dios mío!», gritó ella.

El capellán se levantó con rapidez para ir a llamar a una enfermera, pero justo en ese momento la mujer volvió a hundirse en las almohadas, con sus ojos cerrados y un aspecto de resplandor en su rostro.

Una enfermera entró enseguida

—¿Llamó usted? —preguntó al capellán a la vez que tomaba el pulso a la mujer. Enseguida la enfermera evaluó la situación—. Me temo que se fue.

—No, yo no llamé —dijo el capellán sorprendido, pensando todavía en la expresión extasiada de la mujer—. Fue ella. Gritó: "¡Dios mío!".

La enfermera se volvió hacia él, perpleja. «Pero ella no pudo haberlo hecho. ¿No lo sabía? Tenía cáncer de laringe, y sus cuerdas vocales estaban destruidas desde hace semanas. No podía emitir ni una sola palabra».

EL NÚMERO DE TELÉFONO ACERTADO

EDITH M. DEAN, CONWAY, ARKANSAS

Mi esposo, Jim, y yo nos preparábamos para irnos a la cama cuando sonó el teléfono. La voz de la extraña explicó que era la tía de Grace Morrison, que «llamaba desde Nebraska», y que el hermano de Grace había sufrido heridas graves en un accidente de auto. Dijo que nadie sabía cómo comunicarse con Grace. ¿Lo sabía yo?

Grace y yo en un tiempo fuimos amigas de la oficina, pero llevábamos años sin hablarnos.

—Lo siento —dije después de buscar en mi libreta de direcciones—, no tengo ni la dirección ni el número de teléfono de Grace. La llamaré si lo encuentro.

—No, yo la llamaré por la mañana —dijo la mujer.

El recuerdo de esa suplicante voz me mantuvo despierta durante horas, buscando en viejos archivos y libretas de direcciones. Cuando me fui a la cama, oré y luego di vueltas y vueltas pensando en números de teléfono en sueños. Cuando me desperté, mi pluma favorita estaba sobre la mesa de noche. No tenía idea de cómo llegó allí.

Aquella mañana salí temprano al trabajo; cuando regresé, Jim exclamó:

—Gracias a ti, Grace Morrison va de camino a Nebraska.

—¿Gracias a mí? —pregunté.

Jim me miró perplejo.

—Sí. Cuando llamó su tía, le di el número que anotaste en la libreta que había en la mesa de noche. Después ella volvió a llamar para decir que todo iba bien.

—Pero, Jim —dije—, yo no llegué a encontrar el número.

—Mira —me dijo, dándome la libreta—. Allí, escrito de mi propio puño y letra, estaba el número de teléfono correcto de Grace Morrison.

Me senté desconcertada. Y fue entonces que me pregunté: ¿Y cómo me encontró la tía?

UN CAMPO DE VACAS

ELLY DERR, PUNTA GORDA, FLORIDA

Hace años, mi esposo, Dan, era piloto misionero en Ecuador. Vivíamos al pie de la cordillera de los Andes, y cuando él salía en vuelo se mantenía en contacto conmigo y con el campamento base por radio. Un día estaba apuntando su posición y su altitud cuando él anunció que su Cessna tenía problemas en el motor y necesitaba realizar un aterrizaje de emergencia.

Miré el mapa que tenía y no vi otra cosa sino escarpadas colinas que formaban profundos precipicios. No había ningún terreno plano en kilómetros a la redonda. Desde el cielo, Dan buscaba alguna carretera, un campo, una pradera: cualquier lugar en el que pudiera descender con el avión. Perdía altitud con mucha rapidez.

«Ore», le dijo a su pasajera, una misionera que viajaba con sus cuatro hijos. «Ora», me dijo a mí por radio.

Cuando el avión atravesó un desfiladero, Dan vio un pueblo en la montaña y un pequeño campo verde. Allí se dispuso a aterrizar. Me comunicó por radio su posición y yo conduje hasta allí para encontrarme con él. Cuando llegué, el avión de Dan estaba en un campo rodeado por una multitud de indios. Mi esposo y sus pasajeros, entonces tranquilos, no habían sufrido daño.

«Es un milagro», repetía uno de los granjeros una y otra vez. «Es un milagro».

Supuse que se refería al aterrizaje a salvo del avión, pero él tenía en mente otro *milagro*.

Ese pequeño campo estuvo lleno de vacas que pacían con toda tranquilidad. De repente, sin ninguna razón aparente, todas comenzaron a moverse hacia un lado del campo... justo antes de que el avión de Dan estuviera a la vista.

UNA DESLUMBRANTE LUZ AZUL Y BLANCA

CHARLES KAELIN, HIJO, GAFFNEY, CAROLINA DEL SUR

Nos había atrapado una ventisca y yo estaba dentro de una caravana bajando por una autopista de montaña serpenteante y cubierta de nieve cerca del lago Tahoe, Nevada. Mi esposa y mis tres hijos iban en el auto de otra persona.

Debido a un mal funcionamiento, las luces, la radio, los limpiaparabrisas, la calefacción y las ventanillas de nuestra camioneta dejaron de funcionar. La nieve entraba a remolinos por una ventanilla abierta y mi cuerpo me dolía del frío. Entonces el cristal delantero se convirtió en una pared blanca. Intenté inclinarme hacia delante y quitar la cegadora nieve con mi brazo, pero no sirvió de nada.

Batallando por ver, me situé en la cuneta de la autopista. La camioneta se tambaleó cuando una de las ruedas delanteras hizo un ruido sordo al chocar contra lo que parecía ser un canto rodado. Pisé los frenos y, cuando salí, me encontré mirando hacia abajo a un abismo blanco: ¡había estado a punto de traspasar el borde!

«Jesús», grité a la vez que regresaba a la camioneta, «necesito tu ayuda».

Otro conductor se detuvo y se bajó del auto para dirigirme. Puse la marcha atrás y, entonces, una deslumbrante luz blanca y azul pasó por el cristal delantero y golpeó el volante. Me eché hacia atrás en el asiento a la vez que la ráfaga atravesaba la columna de dirección. En aquel mismo instante, la radio, las luces, las ventanas, los limpiaparabrisas, la calefacción: ¡todo comenzó a funcionar a la vez!

«¿Vio usted eso?», dijo el otro conductor.

Al pie de la montaña nuestra familia volvió a reunirse. La gente me ha dicho que es posible que la extraña ráfaga fuera un rayo de nieve. Para mí, fue la respuesta a una oración.

EL TELÉFONO QUE FUNCIONÓ

ORPHA E. ABESAMIS, FILADELFIA, PENSILVANIA

Mi mamá y yo veíamos ansiosas las noticias sobre la tormenta de verano que se produjo en nuestra Filipinas natal. Intenté llamar a mi hermana, Ruth, que vivía allí sola, a más de una hora de distancia en auto del resto de nuestra familia; pero la tormenta había estropeado su teléfono.

Ruth tenía planes de reunirse con nosotros en Filadelfia cuando se aprobaran sus papeles de inmigración. Mi mamá, que tenía ochenta y dos años y sufría problemas de corazón, no iba a descansar tranquila hasta que Ruth volviese a estar con nosotros.

Una semana después, oímos que se concedía la visa de Ruth. Su teléfono seguía sin funcionar, pero ella nos llamaría para organizar las cosas tan pronto como pudiese. Mi mamá se alegró mucho con la noticia, pero cuando vi que le costaba respirar, supe que su estado empeoraba.

El médico de mi mamá le dio fecha para operarla, y a mí me preparó para lo peor: Podría ser que mi mamá no sobreviviera.

«Dios», oré, «si al menos lograra comunicarme con Ruth...».

Un extraño impulso se apoderó de mí: *Llámala*. Sabía que Ruth habría llamado si pudiera, pero decidí intentarlo de todas formas. Cuando terminé de marcar, lo que esperaba era silencio al otro lado de la línea. El teléfono sonó.

«Hola», dijo Ruth con claridad.

Ella tomó el siguiente avión y tuvimos un feliz reencuentro en el hospital a la vez que Ruth hablaba del hogar. El día después de la operación, mi mamá se fue a la presencia de Dios.

«No te habría alcanzado a tiempo», le dije a Ruth, «si tu línea telefónica no hubiera estado funcionando».

«Pero no funcionaba», dijo ella, «y, en cuanto terminamos de hablar, volvió a estropearse».

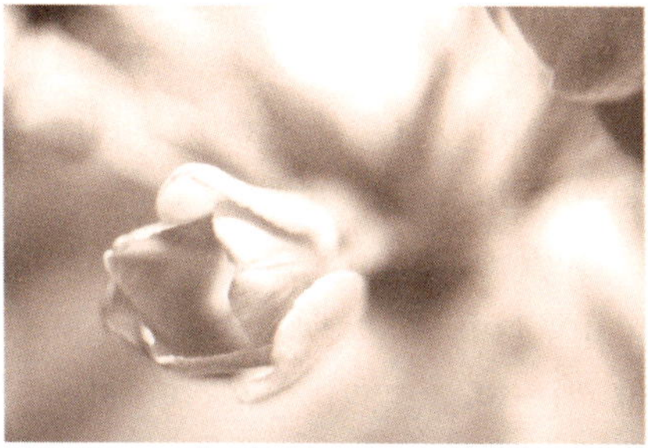

LA BIBLIA QUE SE ENCONTRÓ

CHARLES SWEITZER, OSBURN, IDAHO

Cuando me incorporé al servicio durante la Segunda Guerra Mundial, me dieron un pequeño Nuevo Testamento, de tamaño de bolsillo, con mi nombre inscrito en la parte interior de la cubierta. Leía pasajes a menudo para apaciguar el estrés de la vida del ejército; pero justo antes de la invasión de Europa, nos dijeron que no se nos permitía llevar con nosotros ningún tipo de identificación personal a excepción de nuestras chapas. Entregué mi Biblia a regañadientes.

Atravesé sano y salvo Normandía y después marché con las tropas estadounidenses cruzando Francia hasta Holanda, Bélgica y Alemania. A menudo pensaba en mi Biblia y, cuando oraba, aún recordaba las promesas de Dios que estaban escritas en ella.

Al terminar la guerra, regresé a los Estados Unidos. Al final me casé y formé una familia. Un día de 1944, mi hija Nancy me llamó; ella y su esposo, Jorgen, que era danés, habían estado desempacando después de un traslado reciente.

«Una de las cajas estaba llena de libros», me dijo, «pero no podía leer ni una sola palabra porque todos estaban escritos en danés. Así que le pedí a Jorgen que les echara un vistazo, y él me dijo que eran himnarios que había comprado hacía diez años en la venta de unas propiedades en Dinamarca.

»Jorgen miró entre los libros, sacó uno de ellos y dijo: "Mira, este está en inglés". ¡No te imaginarás nunca cuál era!», exclamó Nancy. «En el interior de la cubierta estaba tu nombre, papá».

Durante quince años había estado separado de mi Biblia de tamaño de bolsillo. Para mi deleite volvió a mí.

EL FOTÓGRAFO INVISIBLE

KATHY PIERCE, HOUSTON, TEXAS

Quería poner la alarma del despertador al amanecer de esa tercera noche en Israel con mi grupo de la iglesia. Quería levantarme cuando saliera el sol y tener mis oraciones diarias, como siempre lo hacía en casa. Quería, en especial, orar mientras salía el sol sobre el mar de Galilea, el mismo mar por el que Jesús navegó, y tomar una foto. Puse mi cámara sobre la mesa de noche y entonces di descanso a mis ojos.

Solo un segundo, me prometí, y pondré la alarma...

Lo siguiente de lo que fui consciente era que la luz del sol bañaba mi cuarto. ¡Era por la mañana! ¿Cómo permití que ocurriera?

Salté de la cama y miré por el balcón al inmenso sol que se cernía sobre el mar. Aquella fue nuestra última noche en Galilea. «Nunca volveré a ver el amanecer aquí», pensé.

El resto de viaje por Tierra Santa transcurrió bien. Gasté rollos y rollos fotográficos, pero en el interior de mi mente me sentía frustrada. Nunca tomaría la foto que más quería.

Cuando volví a casa, revelé casi trescientas fotografías. Una de ellas era un maravilloso amanecer sobre el mar de Galilea. «Qué extraño», pensé. Lo único que imaginaba era que mi compañera de habitación en el hotel, Kitty, hubiera tomado la foto con mi cámara y quisiera darme una sorpresa.

Cuando nuestro grupo se reunió, varias semanas después, le mostré la fotografía.

—Gracias, Kitty —le dije.

Ella me miró desconcertada.

—Yo no tomé esa foto —me dijo.

Pregunté en el grupo si alguien había tomado una foto con mi cámara. Nadie lo había hecho, pero Alguien se aseguró de que yo tuviera la foto que quería.

SAM, ALIAS GUS

NANCY ROSE, NEW BLOOMFIELD, PENSILVANIA

Mi esposo tiene debilidad por los animales extraviados. Cuando conducíamos por la autopista en un día lluvioso, divisamos una pesada masa de pelo entre grisáceo y negro con cuatro patas del tamaño de un oso que vagaba por un lado de la autopista.

—Ya tenemos dos perros y dos gatos —protesté a la vez que él se echaba a un lado.

—No podemos dejarlo aquí —dijo él—. No sabemos lo que podría pasarle.

Abrió la puerta y el perro entró en el auto.

—Muy bien —dije—, pero tenemos que hacer el esfuerzo de intentar encontrar a su dueño—. El perro parecía bastante amigable, pero había algo en él que hablaba de una naturaleza salvaje.

Le llamamos Gus, y pusimos anuncios en los periódicos y en la radio; pero nadie lo reclamó. Durante el año y medio siguiente, Gus vivió con nosotros. Era un perro bullicioso, y un día su energía se apoderó de lo mejor de él y mordió a alguien.

Un perro de su tamaño necesitaba más espacio para correr. «Señor, ayúdanos a encontrar el hogar donde Gus sea feliz», oré.

Emprendimos una nueva búsqueda para encontrar un nuevo dueño, un hogar que fuese el sitio adecuado para Gus. Un día, un amigo mencionó una familia que quizá le interesara. «Ellos solían tener un perro grande en su granja. Los muchachos estaban en verdad destrozados cuando desapareció Sam», nos dijo él.

Dos días después, la familia Delancy llegó para conocer a Gus. Los niños salieron del auto. «¡Sam!», gritaron, a la vez que el perro, moviendo la cola, saltó hacia ellos con alegría. «¡Pensábamos que nunca regresarías!»

Sam, alias Gus, era el perro más feliz del mundo. Al fin regresaría a su hogar.

LA TARJETA DE ELIZABETH

JILL RENICH-MEYERS, MECHANICSBURG, PENSILVANIA

Mi esposo, Fred, había muerto de repente. Yo me sentía apesadumbrada y oré por algo, cualquier cosa, a lo que aferrarme.

Un oscuro día me sentía en especial sola. Salí a recoger el correo, abrí el buzón y hallé una tarjeta de mi amiga Elizabeth. Había perdido a su esposo seis meses antes.

«¿Cómo se las estará arreglando?», me preguntaba a la vez que abría el sobre. Dentro de la tarjeta, al otro lado del mensaje impreso, había escrito en tinta con su inconfundible letra: «En verdad se hace más fácil».

Sus palabras apaciguaron un poco mi desesperación. Dios, si tu sanidad está ahí para Elizabeth, también debe de estar para mí.

Para intentar despejar mi mente, comencé a limpiar la casa. Al sacudir el polvo de detrás del escritorio de Fred, encontré los zapatos que se había puesto la semana antes de morir. Fred nunca volvería a caminar a mi lado, pensé, a la vez que mis ojos se llenaban de lágrimas. Entonces, con suavidad, el mensaje de Elizabeth vino a mi mente. Abrí su tarjeta: *En verdad se hace más fácil.* Me limpié las lágrimas y continué con mis tareas.

Durante los meses siguientes, con la ayuda de mi familia, mis amigos y la oración, las cosas en verdad se hicieron más fáciles; pero nada significaba más para mí que las palabras de Elizabeth.

Meses más tarde, volví a sacar la tarjeta de Elizabeth. Quería escribirle unas líneas. Cuando abrí la tarjeta, no podía creer lo que veía. No había ningún mensaje escrito a mano. No había ni rastro de escritura personal, a excepción de su firma. Dios pasó sus consoladoras palabras de la tarjeta de ella a mi corazón.

UN ESTUCHE DE PLATA

DINA DONOHUE, EDITORA Y ESCRITORA DE *GUIDEPOSTS*

India Albery era, quizá, la persona más extraña que trabajara jamás en Guideposts. Lady Albery, ya que ese era su título, raras veces hablaba de ella. Solo sabíamos que procedía de Inglaterra y que su niñez fue privilegiada, pero que cuando llegó por primera vez a Guideposts era vieja, solitaria y había empobrecido, viviendo en un cuarto desvencijado con unos cuantos recuerdos atesorados.

Se enfrentaba con valentía a la adversidad, pero con un comportamiento severo y altivo. Me esforzaba al máximo, pero no lograba atravesar su reserva británica. Solía orar que pudiera encontrar alguna manera de llegar a ella, pero era demasiado orgullosa para dejar que se mostrara ninguno de sus sentimientos.

Un día de diciembre, a la hora del almuerzo, echaba un vistazo en una tienda de antigüedades, uno de mis pasatiempos favoritos. Raras veces compraba alguna cosa, pero ese día era diferente. Divisé una pluma grabada en un estuche de plata. Tenía una gran letra «A» en sus elaboradas iniciales, y sentí una urgencia, casi un nudo físico, de comprarla para Lady Albery.

—¿Qué es esto? —me preguntó con brusquedad cuando le entregué el pequeño paquete.

—Solo un regalo de Navidad —le dije con temor.

Cuando Lady Albery abrió el paquete y vio el estuche de plata, su cuerpo se puso en tensión y sus ojos se llenaron de lágrimas.

—Dina, ¿cómo lo supiste?

—¿Saber qué? —pregunté.

—En un tiempo esto me perteneció —me dijo—, y tuve que venderlo hace años cuando tenía hambre y estaba desesperada. Alguien a quien yo quería me lo regaló y ahora tu bondad ha hecho que regrese.

Un círculo de amor, pensé. He sido parte de un círculo de amor.

Y Lady Albery nunca lo olvidó.

ÍNDICE DE AUTORES

ÍNDICE DE TÍTULOS

INDICE DE TÍTULOS